MICHAEL SCHMID

DIE WELT HINTER SCHÖNBRUNN

DER KUNST- UND KULTURFÜHRER ZU

HIETZING

echomedia
BUCHVERLAG

INHALT

Vorwort Dr. Michael Häupl 6

Vorweg 8

Die Sakralbauten 10

Siedlungsbau und kommunaler Wohnbau in Wien/Hietzing 28

Private Wohnbauten 48

Zwei wichtige Architekten für Hietzing 58

- Adolf Loos 58
- Carl Witzmann 74

Öffentliche Bauten und Gewerbegebäude 84

Exkurs: Malerinnen in Hietzing 108

- Lilly Steiner 108
- Frieda Salvendy 110
- Katharina Zirner 111

Exkurs: Widerstand in Hietzing 112

- Käthe Leichter 112
- Karl Münichreiter 114

Register 118

Quellen & Bildnachweis 124

Michael Schmid 125

Bild links: Das Große Palmenhaus in Schönbrunn (1880–1882) gilt als eines der schönsten Beispiele für Glas-Stahl-Konstruktionen des späten 19. Jahrhunderts. Der Entwurf dazu stammt vom k. k. Hofsekretär Franz Xaver Sengschmid.

VORWORT

DR. MICHAEL HÄUPL

Foto: Peter Rigaud

Wien ist eine wunderschöne Stadt, berühmt für ihre Kultur und Architektur. Doch nicht alle diese Schätze sind allseits bekannt. Vieles blüht im Verborgenen. Ganz besonders gilt dies für den Bezirk Hietzing. Hinter dem Glanz des Weltkulturerbes Schloss Schönbrunn gibt es eine Fülle sensationeller Baudenkmäler, vor allem des beginnenden 20. Jahrhunderts, zu entdecken.

Der streitbare und richtungsweisende Baukünstler Adolf Loos hat hier den Großteil seiner Privatbauten hinterlassen. Hervorragende Beispiele der Wiener Siedlerbewegung und des weltweit einzigartigen sozialen Wohnbaus des Roten Wien finden sich in Hietzing. Ganz besonders sei hier die Siedlung Lockerwiese hervorgehoben, die in den vergangenen Jahren vorbildlich renoviert wurde und Zeugnis für die hohe und stets aktuelle Wohnqualität der Wiener Gemeindebauten ablegt.

Auch die Werkbundsiedlung ist ein solcher kommunaler Wohnbau; in ihr wurden unterschiedlichste architektonische Strömungen, vertreten durch eine Reihe erstklassiger Gestalter und Gestalterinnen – unter der Federführung des großen Architekten Josef Frank –, zu einem großartigen Ganzen vereint. Der Autor und Photograph Michael Schmid hat den Bezirk mit der Kamera durchwandert und viel Wissenswertes zu den in diesem handlichen Führer vorgestellten Bauten zusammengetragen.

Meine Empfehlung: Stecken Sie das Buch in die Jacke oder in die Handtasche und begeben Sie sich auf spannende Streifzüge durch Hietzing!

Dr. Michael Häupl
Bürgermeister und Landeshauptmann von Wien

Wer in Hietzing aus der U-Bahn steigt, wird von imperialer Pracht begrüßt. Der ehemalige kaiserliche Stadtbahnpavillon Otto Wagners vermittelt einen ersten Eindruck eines Bezirks, der für sein habsburgisches Erbe bekannt ist. Über das zum Weltkulturerbe zählende Schloss Schönbrunn, seine Parkanlagen und den barocken Zoo sind schon viele Bücher verfasst worden. In diesem Kunst- und Kulturführer jedoch geht es um die weniger bekannte, aber hochinteressante Welt hinter Schönbrunn. Natürlich hat die Nähe zur habsburgischen Sommerresidenz speziell in der zweiten Hälfte des 19. und zu Beginn des 20. Jahrhunderts hohe Beamte, Mitglieder des Adels und wohlhabende Industrielle dazu animiert, sich in Hietzing anzusiedeln. Ihre Wohnsitze haben den Ruf Hietzings als Villenbezirk begründet. Doch Hietzing hat architektonisch weit mehr zu bieten. Hier sind richtungsweisende Beispiele des sozialen Wohnbaus entstanden, wie die Siedlung Lockerwiese oder die Werkbundsiedlung. In Hietzing hat zudem eine Reihe bedeutender Architekten und Architektinnen sehr bemerkenswerte Privathäuser errichtet, allen voran Adolf Loos, Carl Witzmann, Josef Hoffmann.

Weil der Platz in diesem Buch recht beschränkt ist, galt es eine Auswahl zu treffen. So mussten beispielsweise die jüngsten Bauten der Gegenwart, seit den 1990er Jahren, unberücksichtigt bleiben. Auch können nicht alle Sakralbauten, alle Friedhöfe, alle interessanten Villen und Siedlungen vorgestellt werden. Dieser Führer erhebt sohin keinen Anspruch auf Vollständigkeit. Er soll vielmehr einen Einblick in die spannende Welt und das reiche kulturhistorische Erbe Hietzings geben, dazu ermuntern, Hietzing in all seiner Vielfalt mit all seinen Überraschungen Schritt für Schritt zu entdecken. Zu Fuß, mit dem Rad, mit Bus und Straßenbahn und auch mit dem Auto. Es wird eine Entdeckungsreise in mehreren Etappen sein. Eine äußerst lohnende.

Bild links: Beim Haus Strasser (siehe S. 70 f.) konnte Adolf Loos seinen berühmten Raumplan erstmals ganz konsequent und ohne Einschränkungen umsetzen

Der gotische Chor der Pfarrkirche Maria Hietzing, vom Schönbrunner Schlosspark aus gesehen

DIE SAKRALBAUTEN

Hietzing ist reich an Sakralbauten. Das hat zum einen damit zu tun, dass der Bezirk Hietzing aus dem Zusammenschluss verschiedener Dörfer entstanden ist. Zum anderen sind in Hietzing mehrere katholische Orden ansässig. Insgesamt 15 dieser sakralen Gebäude werden hier vorgestellt.

Die Nikolaikapelle

Lainzer Tiergarten, Nikolaitor

Die Nikolaikapelle, seit 1837 auch als Eustachiuskapelle bekannt, ist die älteste Kirche Hietzings. Die Ursprünge der Nikolaikapelle reichen gesichert bis ins 12. Jahrhundert zurück. Sie stand innerhalb einer hochmittelalterlichen Hausberganlage, von der noch Reste eines Wall-Graben-Systems nördlich der Kapelle erhalten sind. Ein sogenannter Hausberg war ein kleiner, befestigter Adelssitz auf einer aufgeschütteten Erhebung, mit Kirche, Wohnhaus, Wirtschaftsgebäuden. Die Kirche hat, wenn auch verändert, die Jahrhunderte überdauert.

Eine Urkunde von 1321 dokumentiert Nikolaikapelle und Haushügel als Eigentum und Lehen des Ministerialengeschlechts der Zoller von Rodaun. Da steht: „Ayn halbe haws stat da sand Nichlas chappelle avffe leit, die lehen von vns gewesen ist, vnd den havs puhel halben vnd die leiten gar, die dabei leit, die aygen sint."

Bei Grabungen in den 1990er Jahren konnten das Altarfundament und Fußbodenreste aus dem Mittelalter sowie die romanischen Säulenbasen freigelegt werden. Georg Peltell von Schönberg, „Kapplan sand Niclas kapelln Im holtz pey Uteldorf gelegn" und vor allem Propst von Pressburg, legte 1466 ein Grundbuch für die Nikolaikapelle an. In den Türkenkriegen (1529 und 1683) erlitt das Gotteshaus massive Schäden. 1735 ließ der Wiener Weihbischof und Pfarrer von Hütteldorf Josef Heinrich Breitenbücher die Kapelle auf eigene Kosten wiederherstellen. Dabei erhielt sie die drei großen, barocken Fensteröffnungen. Nach Profanierung (1785, 1787) und neuerlicher Zerstörung 1809 gelangte die Nikolaikapelle 1833 durch Grundstückstausch in den Bereich des habsburgischen Lainzer Tiergartens. 1835–37 kam es zu einem umfassenden Umbau (Westportal mit Giebel, Halbwalmdach) und einer Umbenennung. Die Lage der Kirche unweit der Furt durch den Wienfluss war ursprünglich wohl der Grund gewesen, sie dem heiligen Nikolaus zu weihen, der unter anderem als Patron der Reisenden, Seefahrer und Binnenschiffer sowie als Bewahrer vor dem Hochwasser gilt. 1837 jedoch befand sie sich hinter den Mauern des kaiserlichen Jagdreviers. Sie wurde sohin dem heiligen Eustachius, dem Schutzpatron der Jäger, anvertraut und erhielt einen klassizistischen Altar von Leopold Kupelwieser. Nach Plünderungen 1945 und folgender Verwahrlosung zeigt sich die Nikolaikapelle nunmehr wieder in renoviertem Zustand.

Pfarrkirche Maria Hietzing

Am Platz

1253 wechselte eine kleine der Maria gewidmete Kirche nahe dem Wienfluss den Besitzer. Der Komtur des Deutschen Ordens, Ortolf von Traiskirchen, tauschte den ordenseigenen Hof in Hyecingen mitsamt der Kirche gegen Besitzungen in Stockstall und Ziersdorf. Tauschpartner war das Stift Klosterneuburg. Als dem Grundherrn gehörige Eigenkirche hatte die Pfarre auch Einkünfte an das Stift abzuliefern. Konkret wurden zwei Weingärten mit 18 Eimern Bergrecht, also gut 1.000 Litern Wein, vermerkt. Der Grundherr seinerseits hatte für die Bedürfnisse von Kirche und Seelsorge aufzukommen. Allerdings ergaben sich alsbald Konflikte mit der großen Pfarre Penzing, die bis ins späte 18. Jahrhundert andauerten. Maria Hietzing wurde innert kurzer Zeit zu einer beliebten Wallfahrtskirche. 1340 erhielt die Hietzinger Kirche eine beträchtliche Schenkung von Herzogin Johanna, der Gattin Albrechts II., die offenbar die Begehrlichkeit des damaligen Penzinger Pfarrers weckte. Das jedenfalls lassen die Annalen vermuten. Die Seelsorger in Maria Hietzing wurden allerdings von den Klosterneuburger Pröpsten bestellt, auch nach der Gründung des Erzbistums Wien 1469. Während der Ersten Wiener Türkenbelagerung 1529 wurde die Kirche niedergebrannt. Vier Hietzinger Bauern sollen dabei die Gnadenstatue im Geäst eines Baumes versteckt haben und dafür von den Türken an ebendiesen Baum gebunden worden sein. Nach

Das neogotische Westportal von Maria Hietzing, die Gnadenfigur der Wallfahrtskirche und der sehenswerte gotische Bildstock an der Nordseite des Gotteshauses

Anrufung Mariens hätten die vier die Freiheit wiedererlangt. Diese Geschichte von der wundersamen Errettung steigerte die Beliebtheit Maria Hietzings als Wallfahrtskirche in der Folge ganz beträchtlich und prolongierte den Streit mit der Penzinger Pfarre. In den Jahren 1587–1593 wurde unter Baumeister Jakob Vivian die bis dahin schon mehrfach beschädigte und zerstörte Kirche wiederaufgebaut. Doch schon 1605 (Ungarneinfall) und dann 1683 (Zweite Wiener Türkenbelagerung) wurde Maria Hietzing erneut schwer in Mitleidenschaft gezogen. 1685 begann die Umgestaltung des Langhauses mit einer Barockisierung des Kircheninneren, 1690 wurde die Leopoldikapelle angefügt und 1733 die Johannes-Nepomuk-Kapelle, um dem steigenden Strom der Wallfahrer mehr Platz zu bieten. In der zweiten Hälfte des 19. Jahrhunderts erfuhr Maria Hietzing grundlegende Änderungen. Das Gebäude wurde nach Plänen von Carl Roesner erweitert und mit einem neogotischen Westportal und einer neuen Turmfassade versehen. Das gotische Kreuzrippengewölbe im Chor ist zumindest teilweise bis zum heutigen Tag erhalten geblieben, allerdings mit barockem Girlanden- und Puttendekor und Scheitelrosetten versehen. Die Stuckarbeiten im Langhaus stammen von Domenico Piazzol, die Deckenfresken von Gottlieb Antonio Galliardi. Der Hochaltar ist ein Werk des Bildhauers Matthias Steinl, der auch als Architekt (Westfassade Stift Zwettl, Pfarrkirche Laxenburg) in Erscheinung trat und einige bedeutende barocke Hochaltäre geschaffen hat (Dürnstein, Vorau, Klosterneuburg). Die beiden Seitenaltäre in Maria Hietzing, die ebenfalls Matthias Steinl zugeschrieben werden, sind auch wegen ihrer Altarbilder bemerkenswert. Diese sind Arbeiten des bedeutenden Salzburger Barockmalers Johann Michael Rottmayr. Das am Kreuzaltar (links) zeigt den Gekreuzigten mit Maria Magdalena, das am Josefsaltar (rechts) den Tod des heiligen Josef.

Auf dem Platz vor der Kirche stehen ein 1871 dem Kaiser Maximilian von Mexiko gewidmetes Denkmal von Johann Meixner und eine barocke Wolkensäule aus dem Jahre 1730, die von einer Maria Immaculata im Strahlenkranz bekrönt wird. Zwischen zwei Strebepfeilern an der Nordseite des Chorpolygons befindet sich ein gotischer Bildstock, dessen Tabernakel allerdings aus konservatorischen Gründen nun ein detailgetreuer Abguss des Originals ist, das im Bezirksmuseum seinen Platz gefunden hat.

Der Platz vor der Kirche wird von zwei Denkmälern dominiert. Das eine ist Maximilian von Mexiko gewidmet, das andere ist eine barocke Maria Immaculata.

Pfarrkirche Ober St. Veit und ehemaliges Erzbischöfliches Schloss Ober St. Veit

Wolfrathplatz

Kein anderer Hietzinger Sakralbau weist eine derart exponierte Lage auf wie die Pfarrkirche Ober St. Veit. Der aktuelle spätbarocke Zentralbau wurde über einem geböschten gotischen Stützmauerwerk aus Bruchsteinen errichtet, auf einem Hügel über dem ursprünglichen Längsangerdorf St. Veit. Die erste urkundliche Erwähnung St. Veits ist aus dem Jahre 1195 überliefert, als Albertus und Ernst de Sancto Vito, neben etlichen anderen ehrenwerten Männern, ein Darlehensgeschäft zwischen einem gewissen Wergand und dem Stift Formbach (auch Vornbach) am Inn bezeugten. Festgehalten wurde dieser Darlehensvertrag im Formbacher Traditionsbuch, einer Art klösterlicher Aktensammlung von Rechtsgeschäften. Anzunehmen ist, dass der Darlehensvertrag zwischen Wergand und dem Kloster Formbach bereits 1193 geschlossen wurde. Wergand, der mit dem Kreuzzug nach Jerusalem wollte, verpfändete zur Deckung der Reisekosten seine Weingärten in Baumgarten. Eine Besiedelung der Gegend ist bereits um 1014/15 nachgewiesen, als der Dompropst Poppo zu Bamberg von Kaiser Heinrich II. die Ortschaft Godtinesfeld erhielt. Die im Staatsarchiv Bamberg aufbewahrte Urkunde bestätigt die Schenkung von „30 königliche Hufen aus seinem Eigentum zu Godtinesfeld im Gaue Osterriche in der Grafschaft des Grafen Heinrich mit allem Zugehörigen, Knechten, Mägden, Hofstätten, bebauten und unbebauten Ländereien, Mühlen, Wasser und Wasserläufen, Weiden, Wäldern, Jagden, Wegen und weglosem Land, Abgaben und Einkünften und allen Nutzungen mit der Bestimmung, dass Propst Poppo und seine Nachfolger darüber zum Nutzen der Brüder frei verfügen können". Eine Kopie des Dokuments ist im Bezirksmuseum Hietzing zu sehen. Godtinesfeld dürfte sich verschiedenen Quellen zufolge vom heutigen Ortsteil Hiet-

Das barocke Erscheinungsbild der Pfarrkirche Ober St. Veit fußt auf Entwürfen von Matthias Gerl

zing bis ins jetzige Ober St. Veit erstreckt haben. Die Pfarrkirche Ober St. Veit wird urkundlich erstmals zwischen 1260 und 1298 in einem Brief des Pfarrers Helias an den Amtmann von Baumgarten erwähnt. Ab 1365 gehört sie zum Besitz der Dompropstei St. Stephan. Die unter dem Chor befindliche Krypta, ein spätgotischer, nahezu quadratischer Einstützenraum, ist vermutlich der älteste Teil des aktuellen Kirchenbaus, der nach Zerstörungen 1529 im 17. Jahrhundert wiederhergestellt wurde. 1742–45 erfolgte ein Umbau von Matthias Gerl. Die St. Veiter Pfarrkirche war der erste Bau des damals dreißigjährigen Baumeisters, zu dessen wichtigsten Werken die Wiener Piaristenkirche, die Erweiterung der Böhmischen Hofkanzlei und die Umbauten in der Wiener Neustädter Burg zur Einrichtung der Theresianischen Militärakademie zählen. In St. Veit entschied sich Gerl für ein Langhaus mit quadratischem Grundriss. Die eher breiten Proportionen sind wohl durch den gotischen Vorgängerbau bedingt, dessen Seitenschiffwände wiederverwendet wurden. Der Turm im nördlichen Chorwinkel ist im Schallgeschoß mit ionischen Eckpilastern versehen und wird von einem spätbarocken Zwiebelhelm gekrönt.

Im Inneren sind der Hochaltar mit einem Bild zum Martyrium des hl. Veit von Fra Agostino a San Luca sowie die Seitenaltäre mit Bildern von Gaetano de Rosa (1744) zu Mariä Himmelfahrt und der Glorie des hl. Josef zu erwähnen.

Das ehemalige erzbischöfliche Schloss steht auf dem Platz eines Vorgängerbaus aus dem 12. Jahrhundert. Ab 1315 sind hier die Herren von Topel als Besitzer der Veste und der Herrschaft St. Veit beurkundet. Das heutige Gebäude ist im Wesentlichen eine barocke Vierflügelanlage, die gemeinsam mit dem Kirchenumbau von 1742 bis 1745 nach Plänen von Matthias Gerl als erzbischöfliche Sommerresidenz entstanden ist. Hofbaumeister Nicolaus Pacassi führte 1762 Umgestaltungen für die Interimseignerin Kaiserin Maria Theresia durch. 1779 gelangte das Palais wieder in den Besitz der Wiener Erzbischöfe. Seit 1964 wird die Anlage von der Erzdiözese Wien als Seminar für kirchliche Berufe genutzt.

Der massive dreigeschoßige Walmdachbau weist eine schlichte Fassadengestaltung auf (genutete Sockelzone, Lisenengliederung in den Obergeschoßen, zwei große Rundbogenportale). Das gartenseitige Portal wird von einem mit schmiedeeisernem Barockgitter umfassten Balkon überdacht. An der Westfassade fallen ein Korbbogenportal und ein Sonnenuhrfresko ins Auge.

Im Inneren des Gebäudes sind vor allem die Bergl-Zimmer und die sogenannte Bibliothek oder Galerie von Interesse. Johann Wenzel Bergl versah 1762/63 vier im Nordtrakt befindliche Räume mit Deckenmalereien und Wandbespannungen. Die Bilder und Gobelins zeigen exotische Pflanzen und Tiere sowie Staffagefiguren vor Landschaften. Anregungen dafür soll sich Bergl beim Zyklus „Les Nouvelles Indes“ von François Desportes geholt haben. Die Galerie im zweiten Obergeschoß des Osttraktes ist ein sechsachsiger, schmaler Raum, der mit reichen Wandmalereien eines unbekannten Künstlers des 18. Jahrhunderts gestaltet worden ist. Die Gemälde zeigen – teils in Grisaille-Technik – allegorische Darstellungen

(Apoll, Bacchus, Flora, Minerva), sowie an den Schmalseiten Büstenbildnisse von Maria Theresia und Franz Stephan von Lothringen. Das bedeutendste Kunstwerk des erzbischöflichen Palais allerdings befindet sich mittlerweile im Diözesanmuseum. Der sogenannte Ober St. Veiter Altar wurde von Hans Schäufelin um 1506/07 nach Entwürfen von Albrecht Dürer für Kurfürst Friedrich III. von Sachsen, genannt Friedrich der Weise, angefertigt und gilt als erstes großes Werk Schäufelins.

Invalidenhauskirche

Fasangartengasse 101

Hans Schneider war Mitarbeiter der bedeutenden Ringstraßenarchitekten Heinrich Ferstel und Emil Förster. Ab 1895 baute er selbständig vor allem Mietshäuser in Wien. Seine beiden wichtigsten Projekte waren das Technische Museum und der neue Invalidenhauskomplex. Schneider ist dem konservativen Architektenkreis jener Epoche zuzurechnen.

Zentrales Objekt der im Pavillonsystem errichteten Invalidenhausanlage ist die Kirche. Bei der Gestaltung dieses Sakralbaus erweiterte Schneider seinen historistischen Formenkanon um neo-

Bei der Invalidenhauskirche setzte Hans Schneider auch neoklassizistische und secessionistische Gestaltungselemente ein

In der Konzilsgedächtniskirche wurde der Geist des Zweiten Vatikanischen Konzils auf nahezu idealtypische Weise in moderne Architektur umgewandelt

klassizistische und ansatzweise secessionistische Elemente. Die repräsentative Südfassade wird von einem Ädikulaportal mit toskanischen Halbsäulen dominiert, das wiederum in einen Risalit mit markantem Rundbogen eingefügt ist. Der Zentralbau wird von einer auffälligen Kuppel überwölbt. Im Inneren der Kirche gibt es ein Kunstwerk von besonderer Bedeutung: das Kreuzabnahmerelief von Georg Raphael Donner aus dem Jahre 1735. Es befand sich – wie die barocke Kreuzigungsgruppe auf dem Gesims – zuvor in der alten Invalidenhauskirche im dritten Bezirk. Das Kommuniongitter wurde nach einem Entwurf von Hans Prutscher 1934 gefertigt.

Konzilsgedächtniskirche Lainzer Pfarrkirche

Lainzer Straße 136

Anstelle eines wenig bedeutenden neoromanischen Baus des ausgehenden 19. Jahrhunderts wurde von 1966 bis 1968 auf dem Eckgrundstück Lainzer Straße/Jagdschlossgasse ein neues

Das vom Bildhauer Hans Kupelwieser gestaltete Gedenkobjekt mit einer Plexiglas-Stele zeigt ein Abbild der ehemaligen Synagoge als Mahnmal für den zerstörten Hietzinger Tempel

Kirchengebäude nach Plänen des Tiroler Architekten Josef Lackner errichtet. Lackner gilt neben Ottokar Uhl, Johann Gsteu und auch der Arbeitsgruppe 4 (Wilhelm Holzbauer, Friedrich Kurrent, Johannes Spalt, Otto Leitner) zu den richtungsweisenden österreichischen Architekten für Sakralbauten in den 1950er und 1960er Jahren.

Die jesuitisch geführte Konzilsgedächtniskirche ist fraglos einer der wichtigsten modernen Kirchenbauten in Wien, in dem Josef Lackner versucht hat, den Geist des Zweiten Vatikanischen Konzils in seinem gestalterischen Programm umzusetzen. Das Innere des geschlossenen, auf quadratischem Grundriss errichteten Baukörpers wird durch ein umlaufendes Fensterband in Überkopfhöhe belichtet.

Der in der Raummitte placierte Altarbereich betont mit den ihn von drei Seiten umgebenden Kirchenbänken die neue, partizipativere Ausrichtung der katholischen Kirche in jener Zeit. Sichtbetonwände, Oberlicht, die filigrane Deckenkonstruktion und zwei halbrunde Sängeremporen verleihen dem Innenraum eine eigene Würde. Der umlaufende Emporengang wird vom wichtigen Architekturkritiker Friedrich Achleitner als Galeriekreuzgang bezeichnet.

Hietzinger Synagoge

Eitelbergergasse 22/Neue-Welt-Gasse 7

Die Hietzinger Synagoge war ein bedeutender Sakralbau, der 1926–28 nach Plänen von Arthur Gruenberger errichtet wurde. Bereits 1912 war aus einem Wettbewerb für einen Synagogenbau in Hietzing Hugo Gorge als Sieger hervorgegangen. Die Zeitschrift „Der Architekt" veröffentlichte noch im selben Jahr einen Entwurf von Rudolf Perco, der ebenfalls prämiert worden war, und einen von Ernst Lichtblau, der keinen Preis errungen hatte.

Der Ausbruch des Ersten Weltkriegs und die wirtschaftlich schwierige Situation nach 1918 verhinderten eine Umsetzung des Gorge-Projektes. 1924 kaufte der Tempelverein das Grundstück an der Eitelbergergasse an und schrieb einen neuen Wettbewerb aus, dessen Vorsitz Josef Hoffmann innehatte. Die spektakulärste und bei weitem modernste Einreichung kam von Richard Neutra, der einen Gebäudekomplex aus flachgedeckten kubischen Baukörpern vorsah. Josef Hoffmann allerdings lehnte Neutras Entwurf vehement ab und so ging letztlich Gruenberger als Sieger aus dem Wettbewerb hervor.

Die Synagoge fiel 1938 einem Brandanschlag im Zuge der Reichspogromnacht zum Opfer. Nur eine unscheinbare Gedenktafel erinnerte viele Jahre an die zerstörte Synagoge. Im Jahre 2001 beantragte die Bezirksrätin Ingrid Risha die Errichtung eines würdigeren Mahnmals. Der Direktor der VHS Hietzing Robert Streibel bemühte sich in der Folge intensiv um dieses Denkmal, das 2004 enthüllt wurde. Streibels Engagement ist auch zu verdanken, dass das jüdische Erbe Hietzings sowohl in der VHS als auch durch Gedenktafeln im öffentlichen Raum präsent ist.

Dominikanerinnenkonvent und Kapelle

Schlossberggasse 17

1870 gründete Fürstin Friederike von Auersperg ein Dominikanerinnenkloster, für welches 1885/86 nach Plänen von Richard Jordan eine Kapelle in Sichtziegelbauweise errichtet wurde. Die Klosteranlage entstand zehn Jahre später. Architektonisch bemerkenswert ist der Konvent allerdings wegen eines Erweiterungsbaus von Gustav Peichl aus den 1960er Jahren.

Faniteum und Karmelitinnenkonvent

Hanschweg 1

Karl Graf Lanckoroński ließ zum Gedenken an seine Frau Franziska in den Jahren 1894–96 nach Entwürfen von Emanuel La Roche ein Rekonvaleszentenheim für Mädchen errichten. Die „Faniteum" genannte, in den Formen der Renaissance errichtete Anlage beherbergt seit 1974 ein Karmelitinnenkloster. Zentraler Bau ist die Kapelle über der Gruft, die sich an Brunelleschis Pazzi-Kapelle in Florenz orientiert.

Friedenskirche

Jagdschlossgasse 44

Nach Plänen von Rudolf Angelides entstand 1957–1960 die evangelische Friedenskirche an der Jagdschlossgasse unweit der Werkbundsiedlung. Angelides, ein Schüler Clemens Holzmeisters, war auf Wohnanlagen und evangelische Kirchenbauten spezialisiert. Die Friedenskirche war sein erster wichtiger Sakralbau. Die Kirche ist in protestantischer Tradition ein nüchterner Bau mit markantem Turm an der Straßenfront und karg gestaltetem Saalraum im Inneren.

Neogotische Sichtziegelbauweise prägt das Erscheinungsbild der Dominikanerinnenkirche (oben links)
Die evangelische Friedenskirche von Rudolf Angelides ist in einer betont nüchternen Formensprache gehalten (oben rechts)

Ehemalige Lainzer Pfarrkirche

Lainzer Straße 154a

Schon im frühen 15. Jahrhundert wurde ein Kirchengebäude an dieser Stelle urkundlich erwähnt. Das aktuelle Gotteshaus ist im Wesentlichen ein eher schlichter Barockbau (1736–46) von Gottfried Pock, dem Baumeister des Erzbischofs Kardinal Sigismund von Kollonitz. Bemerkenswert sind im Inneren das Seitenaltarbild „Kreuzabnahme" von Gaetano di Rosa und die klassizistische Kanzel (1784) von Johann Georg Mayer. Die Kirche wird nun von der syrisch-othodoxen Gemeinde genutzt.

Pallottihauskirche

Auhofstraße 10

Der Orden der Pallottiner ließ sich 1959/60 von Robert Kramreiter für seinen Bildungshauskomplex einen neuen Sakralraum entwer-

Die figürliche Darstellung des Pfingstwunders prägt die Fassade der Pallottihauskirche

fen. Besonders auffällig ist das monumentale Betonglasfenster von Robert Kramreiter und Hans Zeiler. Die Einrichtung der Entstehungszeit, darunter mehrere Figuren von Franz Barwig d. J., ist noch im Original erhalten. Für die Pallottiner schuf Oskar Kokoschka sein einziges, den Ordensgründer Vinzenz Pallotti darstellendes Sakralbild. Dieses Werk befindet sich allerdings in der Friedberger Pallottinerkirche bei Augsburg.

Pfarrkirche St. Hemma

Wattmanngasse 105

Der Architekt Erwin Plevan war über dreißig Jahre lang Konsulent der Erdiözese Wien. Die Umsetzung der Liturgiereform des Zweiten Vatikanischen Konzils führte in bestehenden Kirchen mitunter zu Umbauten. Die Planung von Neubauten erfolgte nach den Kriterien einer verstärkten Einbeziehung der Kirchengemeinde in die Messfeiern. Erwin Plevan plante zahlreiche dieser Um- und Neubauten. Die der Heiligen Hemma von Gurk geweihte Kirche in der Wattmanngasse ist ein solches Beispiel. Der basilikale Bau mit hohem Satteldach und monumentaler Giebelfront wird von einem auffälligen Chorturm auf Dreiecksgrundriss deutlich überragt.

Pfarrkirche St. Hubertus und Christophorus

Kardinal-Piffl-Gasse 2

Die von den Pallottinern betreute, den Heiligen Hubertus und Christophorus geweihte Kirche wurde 1935/36 nach Plänen von Kurt Klaudy, Anton Liebe und Georg Lippert erbaut. Kurt Klaudy, der kurze Zeit auch für Robert Oerley und Adolf Loos arbeitete, war vornehmlich im Industriebau tätig. Die meisten Arbeiten Anton Liebes sind in Argentinien erhalten, wohin er 1941 floh. Georg Lippert indes baute nach 1945 typische Nachkriegsarchitektur. Die Kirche beim Lainzer Tiergarten ist ein einfacher Saalbau aus Bruchsteinmauerwerk mit einem von einem Laubengang gesäumten atriumartigen Vorplatz.

Die Saalkirche St. Hubertus und Christophorus orientiert sich in ihrer Formensprache an traditionellen Landkirchen

Versorgungsheimkirche St. Karl Borromäus (Kamillianerkirche)

Versorgungsheimplatz 1

Rudolf Helmreich, der damalige Wiener Vizebaudirektor, entwarf gemeinsam mit Johann Nepomuk Scheiringer, einem dem Historismus verpflichteten ehemaligen Schüler Karl Königs und Theophil Hansens, die Versorgungsheimkirche als neoromanische Sichtziegelbasilika. Das Gotteshaus ist Teil der im Pavillonsystem errichteten Versorgungsheimanlage, heute das Geriatriezentrum Wienerwald. Die Ostfassade der vom Orden der Kamillianer betreuten Kirche wird von zwei hoch aufragenden, symmetrisch angeordneten Türmen mit oktogonalen Aufsätzen dominiert. Zur Gestaltung der Kirchenausstattung wurden unter anderen die beiden bekannten Ringstraßenbildhauer Johann Rathausky und Josef Heu herangezogen.

Die neoromanische Basilika der Kamillianer steht auf einem kleinen Hügel über dem Versorgungsheimplatz

Clemens Holzmeisters Einfluss ist auch beim Kirchenbau seines Schülers Ceno Kosak und von dessen Frau Herta erkennbar

Pfarrexpositur Zum Guten Hirten

Bossigasse 68–70

Der markante, an der Form eines Schiffes orientierte Sichtbetonbau der Pfarrexpositur Zum Guten Hirten wurde nach Plänen des Holzmeister-Schülers Ceno Kosak und seiner Frau Herta Kosak von 1963 bis 65 errichtet. Eine asymmetrische Fensteraufteilung und ein polygonaler Grundriss bestimmen neben der teils fast abweisend wirkenden Fassade das Erscheinungsbild dieses bemerkenswerten Sakralbaus. Die figürliche Innenausstattung stammt von Gianluigi Giudici (Altarrelief und Kreuzwegsreliefe) und Karl Hagenauer, der auch für die Gestaltung der Portaltüren verantwortlich zeichnete.

Victor Reiters eleganter Gemeindebau an der Speisinger Straße (vgl. S. 39)

SIEDLUNGSBAU UND KOMMUNALER WOHNBAU IN WIEN

Wien erfuhr in der zweiten Hälfte des 19. Jahrhunderts, in der frankojosephinischen Ära, einen dramatischen Bevölkerungszuwachs. So vervierfachte sich die Zahl der in Wien ansässigen Menschen von rund 550.000 im Jahre 1850 auf über 2,2 Millionen 1916, das Todesjahr Kaiser Franz Josephs I. Die neue Niederlassungsfreizügigkeit lockte gemeinsam mit der rasanten gewerblichen und industriellen Entwicklung der Metropole Scharen von Menschen aus allen Teilen der Monarchie in die Residenzstadt. Besonders die typischen Arbeiterbezirke verzeichneten enorme Wachstumsraten. In Ottakring beispielsweise gab es 1910 mit 179.045 gezählten Personen rund sechsmal so viele Einwohner und Einwohnerinnen wie vierzig Jahre zuvor bei der Zählung 1869 (31.383).

Mit dieser Entwicklung konnte der zu jener Zeit ausschließlich private Wohnbau nicht Schritt halten. Die Wiener Wohnungsnot in der zweiten Hälfte des 19. Jahrhunderts lässt sich am Beispiel der Bettgeher sehr gut illustrieren. Bettgeher waren meist Nachtarbeiter, die ein einzelnes Bett tagsüber mieteten, wenn der Hauptmieter der Wohnung oder des Zimmers selbst bei der Arbeit war. Nachdem die Nachfrage das Angebot stets bei weitem überstieg, gab es für die Hauseigentümer wenig Anreiz, in bessere Standards ihrer Zinskasernen zu investieren. Viel wichtiger als geräumigere Wohnungen, eine solide Bauweise oder Sanitäranlagen war eine schöne Fassade. Für ebendiese gab es zu günstigen Preisen industriell vorgefertigtes Dekor (Kränze, Girlanden, Karyatiden, Pilaster, Halbsäulen etc.). Die Zinshausherren in den Vorstädten wie die Industrie ließen sich dabei von den prächtigen Fassaden der Ringstraßenbauten inspirieren. Die Möbelindustrie reagierte ebenfalls schnell. So wurde in Anzeigen in der „Wiener Zeitung" des Jahres 1860 für Universal-Tischbetten geworben, mit denen laut Hersteller „in jeder Wohnung ein oder mehrere Zimmer erübrigt" würden. Ähnlich bemerkenswerte Möbelstücke waren die ebenfalls zu jener Zeit annoncierten „geruchlosen Zimmer-Retiraden", eine Art Kistenabort mit gut schließendem Deckel.

Erste Bemühungen zur Linderung der Wohnungsnot wurden erst ab 1900 unternommen. Große Unternehmen wie die Floridsdorfer Lokomotivfabrik oder der Schrauben- und Bleistifthersteller Brevillier Urban ließen eigene Wohnsiedlungen für ihre Beschäftigten errichten. Nicht unbedingt jedoch aus Menschenfreundlichkeit. Zusehends war für technische Betriebe die Qualifikation der Beschäftigten ein wichtiges Kapital. Eine verbesserte Wohnsituation trug dazu bei, die Gesundheit und Leistungsfähigkeit der Werktätigen zu erhalten. Die mit Abstand wichtigste Rolle bei der Erreichung höherer Wohnstandards für breite Bevölkerungsschichten spielte die erstarkende Sozialdemokratie. Der Ottakringer Gemeinderat Franz Schuhmeier legte auf dem Grazer Parteitag der Sozialdemokratischen Partei im Jahre 1900 das „Grundsatzprogramm für das Wirken der Sozialdemokraten in der Gemeinde" vor. Mit dem Beschluss dieses Programms wurde bereits das Konzept eines sozialen und kommunalen Wohnbaus in Wien festgeschrieben. Bis zur Errichtung der ersten Wiener Gemeindebauten vergingen dennoch mehr als zwanzig Jahre. Erst die solide sozialdemokratische Mehrheit in Wien nach dem Ersten Weltkrieg und der 1922 erlangte Status Wiens als eigenes Bundesland machten das später so berühmte Wohnbauprogramm des Roten Wien möglich. Der damalige Finanzstadtrat Hugo Breitner, vormaliger Direktor der Länderbank, konnte mit der neuen Steuerhoheit in Wien einen soliden Mieterschutz verankern und die Wohnbauabgabe sowie Luxussteuern auf bestimmte Produkte, wie Autos, Pferde oder die Beschäftigung von Hauspersonal sowie Luxusartikel, einführen. Im Jahre 1927 wurde mit diesen Luxussteuern in der Gesamthöhe von 65 Millionen Schilling ein gutes Fünftel der Einnahmen Wiens erwirtschaftet. Eine soziale Staffelung der Wohnbausteuer, die von allen Vermietern abzuliefern war, bewirkte, dass nur vor allem eine kleine Gruppe sehr Vermögender stark belastet wurde. So erbrachten 0,5 Prozent der Objekte 44,5 Prozent des gesamten Aufkommens aus dieser Steuer.

Mit dieser Steuer und der Steuerprogression wurden Kapitalerträge aus Immobilien und damit auch die Grundstücksspekulation zusehends weniger attraktiv. Etliche Eigentümer verkauften ihre Liegenschaften. Davon profitierte die Gemeinde Wien, die ab 1924 mit insgesamt 2,6 Millionen Quadratmetern Bauland der größte Grundstückseigner war. Auf diesen neuen Flächen entstanden bis 1934 rund 65.000 Gemeindewohnungen. Um die Baukosten der neuen Gemeindebauten überschaubar zu halten und zugleich die gewünschte Qualität zu sichern, wurden von der Gemeinde Wien sogar eigene Baufirmen und Baustofflieferfirmen gegründet. Die Wiener Gemeindebauten jener Epoche waren richtungsweisend und gelten bis heute als vorbildhaft.

Die bürgerliche Presse und die konservativen Parteien hatten indes wenig Freude mit Hugo Breitner und seiner Politik des kommunalen

Die kleinteilig strukturierte Siedlung Lockerwiese wurde vorbildlich saniert (vgl. S. 40 f.)

Wohnbaus. Ihr Ziel war es, den Einfluss der Gemeinde zurückzudrängen und die private Wohnungsvermietung wieder lukrativ zu machen. Ab 1929 verfolgte die konservative österreichische Bundesregierung eine strikte Austeritätspolitik, die den Schilling hart machte und der Alpenrepublik über die Jahre einen Goldschatz bescherte, der den des zehnmal größeren Deutschlands bei weitem übertraf. Erkauft wurden diese Staatsreserven allerdings mit Massenarbeitslosigkeit, drückender Armut breiter Bevölkerungskreise und einer dramatischen Einschränkung des finanziellen Spielraums der Gemeinden. Auch die Gemeinde Wien musste ihr Wohnbauprogramm deutlich reduzieren. Hugo Breitner war 1932 die steten Anfeindungen leid und legte seine Funktion zurück. 1939 emigrierte er in die USA, wo er als Dozent für Städtewesen an der Universität Claremont in Kalifornien lehrte. Robert Danneberg, der Nachfolger Breitners, hatte ab 1933 in der ständestaatlichen Diktatur keine Möglichkeiten mehr, kommunalen Wohnbau in Wien zu betreiben. Die 1934 vom Militär gegen die Gemeindebauten gerichteten Kanonen, mit denen der Widerstand gegen das austrofaschistische Regime gebrochen werden sollte, führten letztlich in den Untergang der Ersten Republik. Die Folgen sind bekannt. Zu den Opfern zählte auch Robert Danneberg, der wie Millionen anderer Juden und Jüdinnen vom NS-Regime in Auschwitz ermordet wurde.

SIEDLUNGSBAU UND KOMMUNALER WOHN-BAU IN HIETZING

Auch wenn Hietzing gemeinhin als eher bürgerlicher Bezirk gilt und für seine Villengegenden bekannt ist, finden sich dennoch gerade in Hietzing einige aus städtebaulicher und sozialer Sicht hochinteressante Siedlungen und kommunale Wohnbauten. Die wichtigsten davon werden hier exemplarisch vorgestellt.

Gartenstadtsiedlung „Ostmark" (auch Küniglbergsiedlung) (1912–13)

Fasangartengasse 67–77; Melchartgasse 2–20, 11–29; Wattmanngasse 86–104, 87–99; Würzburggasse 17–41; Stuweckengasse 2–30, 1–27; Opitzgasse 1–13, 2–12

Heinrich Schmid jun. und Hermann Aichinger wurden ab den 1920er Jahren mit ihren großen Gemeindebauten für die Gemeinde

Mit der Küniglbergsiedlung konnten Aichinger und Schmid ihre Vorstellungen einer Gartensiedlung verwirklichen

Manche der Bauten der „Ostmark"-Siedlung erinnern an Vorbilder im Cottageviertel

Wien und etlichen hochinteressanten Gewerbebauten, wie dem Verkehrsbüro beim Karlsplatz oder dem RAVAG-Funkhaus (heute ORF) in der Argentinierstraße, bekannt. Die Gartenstadtsiedlung „Ostmark" in der Fasangartengasse war ihr erstes großes Bauvorhaben. Auf Betreiben der Gartenstadt- und Siedlerbewegung und der Gemeinnützigen Wohnungs-Baugenossenschaft Ostmark entstanden auf einem trapezförmigen Grundstück südlich der Würzburggasse 80 Häuser. Die Parzellengrößen zwischen 250 und 650 Quadratmetern erlaubten Gärten zur Selbstversorgung und eine aufgelockerte, fast cottageartige Bebauungsstruktur. Die zweigeschoßigen Häuser folgten vier Grundrisstypen und orientierten sich formal teils an englischen, teils an traditionellen lokalen Vorbildern. Von kleineren Veränderungen abgesehen, ist die Siedlung in ihrer Substanz erhalten geblieben und somit zum einen ein sehr gutes Beispiel für das frühe Schaffen von Schmid/Aichinger, zum anderen für die Umsetzung der Gartenstadtidee.

Siedlung Auhofer Trennstück (auch SAT-Siedlung) (ab 1920)

Speisinger Straße, Eyslergasse, Aschergasse, Wittgensteinstraße

Bereits 1912 wurde ein südöstliches Stück des damaligen Lainzer Tiergartens abgetrennt und teilweise abgeholzt. Schon 1910 hatte es Überlegungen gegeben, das Theresianum hierher zu verlegen. Auch Pläne zur Errichtung der Tierärztlichen Hochschule auf diesem Grundstück existierten. Der Erste Weltkrieg beendete beide Projekte vorzeitig. Nach dem Krieg sollten auf dem Gelände Baugründe für eine Villenkolonie geschaffen werden. Doch die große Wohnungsnot der Nachkriegsjahre führte zu Forderungen nach einer Verpachtung der Parzellen an eine 1919 von Straßenbahnern gegründete Siedlergemeinschaft. Nach einer Massenversammlung im Jahre 1920 drohten die Siedler, das Grundstück zu besetzen und eigenmächtig mit der Bebauung zu beginnen. Daraufhin wurden der Gemeinschaft zehn Hektar der 38 Hektar großen Fläche für die Dauer von fünf Jahren als Pachtgrund überlassen. Das erste Gebäude, das entstand, war das Siedlerheim am heutige Sillerplatz. Franz Josef Siller war Präsident des Zentralverbands der Kleingärtner-, Siedler- und Kleintierzüchtervereine Österreichs sowie Inspektor des Landwirtschaftsamts

Die kleinen Geschäfte in der SAT-Siedlung haben mittlerweile zugesperrt

Das Haus Hermesstraße 93 ist als einziges Gebäude der Friedensstadt noch im Original erhalten

der Stadt Wien. Er förderte nach Kräften die 1921 entstandene Gemeinnützige Bau-, Wohnungs- und Siedlungsgenossenschaft „Auhofer Trennstück, Kolonie Siller". Die urspüngliche Planung einer Gartensiedlung nach englischem Vorbild mit großzügigen Obstgärten und breiten Promenadenwegen konnte mangels ausreichender Mittel nicht umgesetzt werden. Zudem wurde der Pachtvertrag vom Forstministerium nicht verlängert, sodass die Siedler und Siedlerinnen ihr Grundstücke erwerben mussten. In der Folge entstanden bis 1927 auf dem sogenannten Auhofer Trennstück 140 individuelle Einfamilienhäuser. Die einfachen, in Eigenregie errichteten Bauten folgen keinem Gesamtkonzept und sind auch stilistisch nicht eindeutig zuzuordnen.

Siedlung Friedensstadt/ Hermesstraße (ab 1920)

Hermesstraße 85–99

Auch bei der Entstehung der Siedlung „Friedensstadt" in der Hermesstraße war die Wohnungsnot der Nachkriegszeit die treibende Kraft. Nach Grundstücksbesetzungen und langen Verhandlungen

Die Hietzinger Künstlersiedlung sollte weniger bekannten und etablierten Künstlern erschwinglichen Wohn- und Arbeitsraum bieten

wurden 1920 der Siedlergenossenschaft „Friedensstadt" 13 Hektar Baufläche an der Hermesstraße vorerst als Pachtgrund überlassen. Es sollten dort 200 Kriegerheimstätten sowie 600 Ein- und Zweifamilienhäuser entstehen. Adolf Loos entwarf Typenpläne für die Siedlungshäuser und einen Bebauungsplan, der allerdings nicht realisiert wurde. Ab 1930 konnten Häuser und Gründe erworben werden. Im Laufe der Jahrzehnte haben die Gebäude der Siedlung Friedensstadt mehrfache Veränderungen erfahren. Einzig das Haus Hermesstraße 93 ist zum Gutteil im Originalzustand erhalten geblieben.

Künstlersiedlung (1922–24)

Griepenkerlgasse 15–33 +
Riedelgasse 16–42, Rußweg 2–22

Der auf einem länglichen Grundstück nördlich des Rosenbergs von 1922 bis 1924 errichteten Künstlersiedlung lag von Beginn an ein gänzlich anderes Konzept zugrunde als Joseph Maria Olbrichs bekannter Künstlerkolonie auf der Darmstädter Mathildenhöhe. Auch die Künstlervillen Josef Hoffmanns auf der Hohen Warte und teilweise in der Kolonie Kaasgraben folgten einem anderen Plan. Auf der Mathildenhöhe konnten etablierte Künstler in einer idealtypischen Anlage in großzügig angelegten und durchgestalteten Villen wohnen und arbeiten. Die Hoffmann-Villen waren zwar nicht als geschlossene reine Künstlerkolonie konzipiert, doch auch sie waren den Kunststars ihrer Zeit vorbehalten (siehe „Josef Hoffmann in Wien", echomedia buchverlag). Die 24 Gebäude umfassende Künstlersiedlung in Hietzing indes war für weniger bekannte und vor allem einkommensschwache Künstler konzipiert. Adolf Loos war zu jener Zeit im Wiener Siedlungsamt tätig. Emil Krause, Architekt des Wiener Magistrats, wurde mit der Planung der Siedlung beauftragt, die im Anschluss an die ebenfalls von Krause entworfene Siedlung Rosenhügel entstand. Die Häuser waren, der Zielgruppe entsprechend, mit Ateliers versehen und verfügten über kleine Eigengärten zur Selbstversorgung. Stilistisch ist Krause etwas konservativ einzustufen. Vor allem im Vergleich mit zeitgleich errichteten Bauten von Adolf Loos wirken Krauses Walmdachsiedlungshäuser mit ihren horizontal gegliederten Putzfassaden, Loggienvorbauten und Kanterkern zwar abwechslungsreich, aber etwas konventionell.

Siedlungen Hermeswiese und Lainz-Speising (1923/24) + Lynkeusgasse 29–31 (1929)

Lynkeusgasse 2–84 + 3–75 (zwischen Hermesstraße, Hochmaisgasse, Leitenwaldplatz, Linienamtgasse und Speisinger Straße)

Die Siedlungen auf der Hermeswiese und in Lainz-Speising stehen in engem räumlichen und formalen Zusammenhang. Von Karl Ehn, dem Architekten des Karl-Marx-Hofs, stammt der Entwurf zur ersten Siedlungskolonie auf der Hermeswiese. Die südlich daran anschließende Siedlung Lainz-Speising entstand etwas später nach Plänen von Heinrich Schlöss und Emil Krause. Auf einen freien Platz an der Lynkeusgasse wurde 1929 ein kleiner Gemeindebau von Victor Reiter gestellt.

Die Anlage war als Gartenstadt konzipiert. Den kleinen Siedlungshäusern mit 64 bis 79 Quadratmetern Nutzfläche waren Gartenparzellen von 200 bis 300 Quadratmetern zugeordnet. Vor allem Ehn bemühte sich, durch versetzte Anordnungen, Portalsituationen in Sichtziegelbauweise, Blendfelder (bogenförmig, dreieckig) und durch unterschiedliche Dachformen der Gefahr der Monotonie, speziell an der langen Lynkeusgasse, vorzubeugen. Viel Wert wurde auch auf die Schaffung von Freiräumen gelegt. Markantes Merkmal des Baus sind Rundbogendurchfahrten; die von Haus 43–45 ziert ein Dachreiter mit Uhr.

Bei Victor Reiters Bau Lynkeusgasse 29–31 fällt besonders die markante Gliederung durch den Wechsel aus Putz und Sichtziegelbauweise ins Auge.

Der Torbau an der Dvorakgasse ist der markanteste Gebäudeteil der Siedlung Hermeswiese

Victor Reiter setzte bei seinem Gemeindebau gezielt Sichtziegel als zusätzliche Fassadenelemente ein

Gemeindebau Speisinger Straße 84–98 (1928/29)

Speisinger Straße 84–98

Ergänzend zum Siedlungsverband Hermeswiese und Lainz-Speising entstand 1928/29 nach Plänen von Victor Reiter eine Anlage mit 99 Wohnungen an der Speisinger Straße. Der langgestreckte Baukörper schirmt zum einen den Siedlungsteil Lainz-Speising von der Speisinger Straße ab und schafft zum anderen mit dem Torteil zwischen Stiege 1 und Stiege 15 eine hochinteressante Zugangssituation zur dahinter befindlichen Siedlung. Victor Reiters Bau ist eine der elegantesten Gemeindebauanlagen jener Zeit, mit geschwungenen Loggien, dem leicht zurückgesetzten Torbau, akzentsetzenden Treppentürmen, dem Einsatz von Klinkern als gestalterisches Element. Die westlichen, an den Straßenblock anschließenden zweigeschoßigen Wohnbauten bilden eine ideale Überleitung zu den Siedlungen Lainz-Speising und Hermeswiese und zugleich eine logische Achse bis zur Kapelle des Orthopädischen Spitals. So wird auch der große städtebauliche Gestaltungskontext verdeutlicht.

Im Gegensatz zu seinem Lehrer Karl König war Karl Schartelmüller kompromisslos der Moderne und Sachlichkeit verpflichtet, wie hier bei der Siedlung Lockerwiese

Siedlung Lockerwiese (1928–32)

Camillianergasse 1–35

Karl Schartelmüller, der unter anderem bei Karl König studiert hatte, war wie Emil Krause ein beamteter Architekt der Gemeinde Wien. Im Gegensatz zu Krause allerdings fühlte sich Schartelmüller der Avantgarde und modernen Sachlichkeit verpflichtet. Seine beiden wichtigsten Bauvorhaben, die Freihofsiedlung in Wien Kagran und die Siedlung Lockerwiese in Hietzing, fanden auch international Beachtung. Die Siedlung Lockerwiese entspricht in wesentlichen Elementen dem Gartenstadtprinzip mit Reihenhauszeilen. Auf dem östlich der Wolkersbergenstraße und nördlich der Versorgungsheimstraße gelegenen, leicht abfallenden Baugrund entstanden in mehreren Etappen insgesamt 774 Wohneinheiten. Die Erweiterung um den nördlichen Siedlungsteil 1938/39 wurde noch von Schartelmüller geplant. Die vier Wohnhauszeilen aus den Jahren 1950/51 stammen von Otto Schönthal und Franz Mörth. Schartelmüller, der 1942 von den Nazis zwangspensioniert wurde, schuf mit der Siedlung Lockerwiese eine beispielhafte Anlage, in der die Reihenhäuser teilweise zu Blöcken verdichtet wurden, bewusste Gassenkrümmungen und gut geplante Platzsituationen einen leicht dörflichen Charakter entstehen lassen. Die überschaubare Räumlichkeit mit ihren hofartigen Gassenteilen, Torbauten und Durchfahrten beschert der Lockerwiesensiedlung bis heute eine ausnehmend hohe Wohnqualität. Das großformatige Sgraffito „Arbeitswelt" am Haus Faistauergasse 68 wurde von Georg Samwald geschaffen.

Werkbundsiedlung (1930–32)

Veitingergasse 71–117

Anlässlich der Jahrestagung des Deutschen Werkbundes in Wien 1930 wurden eine Gruppe renommierter Architekten und eine Architektin eingeladen, mit einer Werkbundsiedlung einen Diskussionsbeitrag zum modernen Wohnbau zu liefern. Im Rahmen einer eigenen Ausstellung sollte die Siedlung der Öffentlichkeit vorgestellt werden. Statt wie ursprünglich vorgesehen auf einem Grundstück im zehnten Bezirk bei der Triester Straße, entstand die Werkbundsiedlung auf einem annähernd dreieckigen, abschüssigen Bauplatz an der Veitingergasse. Eine zweijährige Bauverzögerung und Umplanungen waren die Folge. Auch die Kosten stiegen, weil Gebäude unterkellert werden mussten.

Josef Frank, der schon an der Stuttgarter Weißenhofsiedlung mitgearbeitet hatte, zeichnete für die Gesamtplanung verantwortlich. Im Gegensatz zur Stuttgarter Siedlung, die neue Baumethoden und Rationalisierungspotenziale beim Bauen erproben sollte, wurde in Wien auf die Erreichung höchstmöglicher Wohnqualität bei minimalem Aufwand (Raum, Kosten) gezielt. Die Wiener Werkbundsiedlung ist sohin kleiner und kleinteiliger als die Weißenhofsiedlung.

Josef Frank wollte überdies neben international bekannten Architekten auch Österreicher und junge Leute zum Zuge kommen lassen. So waren am Entstehen der Wiener Werkbundsiedlung neben arrivierten Größen wie Richard Neutra, Adolf Loos, André Lurçat, Josef Hoffmann oder Gerrit Rietveld österreichische Baukünstler wie Max Fellerer, Oswald Haerdtl, Ernst Lichtblau, Ernst Plischke, Oskar Strnad, Eugen Wachberger oder Oskar Wlach beteiligt. Die einzige Frau in dieser Männerrunde war Margarete Schütte-Lihotzky.

Die Werkbundsiedlung umfasste insgesamt siebzig kleine Einfamilienhäuser, deren Errichtung aus Mitteln der Gemeinwirtschaftlichen Siedlungs- und Baustoffanstalt – GESIBA finanziert wurde. Auch dies führte zu Umplanungen. Denn die GESIBA baute ausschließlich Einfamilienhäuser mit kleinen Gärten. Vom 4. Juni 1932 bis zum 7. August 1932 besuchten 100.000 Menschen die Werkbundausstellung. Der Eintritt kostete einen Schilling. Gezeigt wurden vollständig eingerichtete Musterhäuser, die auch zum Verkauf angeboten wurden. Die Preise reichten von 25.000 Schilling für eines der kleinen Häuser von Margarete Schütte-Lihotzky bis zu 65.000 für das größte Objekt von Oswald Haerdtl. Die Inneneinrichtungen stammten durchwegs von hervorragenden, meist österreichischen Gestaltern und Gestalterinnen wie beispielsweise Felix Augenfeld, Rudolf Baumfeld, Erich Boltenstern, Paul Fischl, Ada Gomperz, Grete Salzer, Rosa Weiser.

Während im Vorfeld der Ausstellung 14 Häuser verkauft werden konnten, gab es während der Ausstellung und auch danach keine Nachfrage mehr. Die wirtschaftliche und die politische Situation Österreichs hatten sich dramatisch verschlechtert. Die GESIBA vermietete in der Folge die Häuser. Mit der NS-Machtübernahme 1938 fielen die nicht verkauften Häuser an die Gemeinde Wien. Der ehemalige Werkbund-Präsident und GESIBA-Direktor Hermann Neubacher wurde erster nationalsozialistischer Bürgermeister Wiens. Im Zweiten Weltkrieg gingen sechs Häuser der Siedlung

Die Wiener Werkbundsiedlung sollte günstigen Wohnraum in hoher Qualität bieten. Hier die Häuser von Arthur Grünberger und Josef Dex (l.) sowie von Gerrit Rietveld (r.)

durch Bombentreffer verloren. Der Großteil der Werkbundsiedlung zählt bis heute zu den Wiener Gemeindebauten.

Wohnsiedlung der Arbeiter-Unfallversicherungsanstalt, „Malfatti-Siedlung“ (1930–32)

Franz-Schalk-Platz 1–15

Der kaiserliche Hofarzt Johann Malfatti, der unter anderen Ludwig van Beethoven medizinisch betreute, ließ sich 1820 auf einem vormals dem Grafen Pálffy gehörigen Grundstück eine schlossartige Villa erbauen. Die von einem enormen Park umgebene Villa wurde mit dem Grundstück 1891 von den Malfatti-Erben an den Generaldirektor der Bodencreditanstalt Theodor Ritter von Taussig veräußert. Dieser veranlasste den Abriss der Villa, um an ihrer Stelle ein von Karl König entworfenes repräsentatives historis-

Siegfried C. Drachs Wohnanlage auf den ehemaligen Malfatti-Gründen ist von zeitloser Eleganz

tisches Palais errichten zu lassen. Für das Personal gab es ein Pförtner-, ein Gärtner- und ein Kutscherhaus (nebst Stallgebäude). Ein eigenes Wasserpumpwerk sollte Unabhängigkeit von der städtischen Wasserversorgung gewährleisten. Auf einem Teil dieses Grundstücks entstand nach Plänen von Siegfried C. Drach 1930–32 eine beispielhafte Wohnanlage im internationalen Stil. Die sogenannte „Malfatti-Siedlung" umfasst sieben zeilenförmig angeordnete Doppelhäuser und einen Kopfbau als Einzelhaus. Die mit gartenseitigen Balkons und begehbaren Dächern versehenen Wohneinheiten werden jeweils über die Schmalseiten erschlossen, was die räumlichen Dimensionen noch besser erfahrbar macht.

Eduard-Popp-Hof (1932)

Biraghigasse 38–42

Victor Reiter hat in Hietzing mehrfach bemerkenswerte architektonische Spuren hinterlassen. Die nach dem ehemaligen Hietzinger Bezirksvorsteher benannte, 148 Wohneinheiten umfassende

Beim Eduard-Popp-Hof wählte Victor Reiter eine Struktur mit offenen Höfen und mittelgroßen Baukörpern

Anlage ist ein bis in kleine Details präzise durchgeplanter Bau. Das dreieckige Grundstück an der Wolkersbergenstraße wurde baulich so unterteilt, dass drei offene Höfe entstanden, die jeder Wohnung gute Sonnen- und Lichtverhältnisse gewährleisten. Im südlichen Hof wurde durch parkartige Gestaltung und einen runden Ruheplatz ein gut nutzbarer semiöffentlicher Raum geschaffen. Viergeschoßige kubische Kopfbauten flankieren die giebelständigen Bauteile. Konvexe Stiegenhausvorbauten gliedern die hofseitigen Fassaden. Die verschiedenen Durchgänge zwischen den einzelnen Baukörpern schaffen interessante Achsen und eine insgesamt aufgelockerte Bebauungssituation.

Fertighaussiedlung Veitingergasse (1952–54)

Veitingergasse 64–66

Roland Rainer und Carl Auböck entwarfen die zu Beginn der 1950er Jahre entstandene kleine Siedlung an der Veitingergasse,

Roland Rainer propagierte zeitlebens den verdichteten Flachbau auf kleinen Gartengrundstücken, wie hier in der Siedlung Veitingergasse

die aus 15 vorgefertigten Häusern besteht. Zu jener Zeit für Österreich fraglos eine Pionierleistung, die sich an amerikanischen und skandinavischen Vorbildern orientierte. Die in Holzbauweise errichteten, ökonomischen ebenerdigen Häuser wurden durch große, südseitige Fenster belichtet und waren mit einer modernen Luftheizung versehen. Rainers Credo vom verdichteten Flachbau konnte sich, ebenso wie der moderne Holzbau, in Österreich allerdings erst Jahrzehnte später, zumindest teilweise, durchsetzen. Rainers und Auböcks Fertighaussiedlung bleibt ein wichtiger Meilenstein in der ansonsten eher wenig innovativen frühen österreichischen Nachkriegsarchitektur.

Die niedrigen Holzbauten von Rainer und Auböck sind mittlerweile über sechzig Jahre alt

Josef-Afritsch-Wohnhausanlage (1963–65)

Alban-Berg-Weg 1–11, 2–14

Das von Roland Rainer propagierte Siedlungsmodell des verdichteten Flachbaus liegt dieser gemischten Anlage aus 43 Einfamilienhäusern und mehrgeschoßiger Randbebauung zugrunde. Architekt Roland Starzen kam noch vor der Ausführung bei einem Flugzeugunglück bei Moskau ums Leben. Traude und Wolfgang Windbrechtinger (siehe auch S. 88 f.) führten die Planung fort. Um die Atriumhäuser vor Wind besser zu schützen, wurden an den Grundstücksrandzonen Geschoßbauten errichtet. Der Architekturkritiker Friedrich Achleitner mutmaßt allerdings, dass sich solcherart wohl auch „das Risiko einer neuen Wohnform halbierte". Die bungalowartigen Einfamilienhäuser verfügen allesamt über Eigengärten. Als Baumaterialien kamen Ziegel, Beton und Holz zum Einsatz. Die Dächer sind mit Blech gedeckt.

Auch die von Roland Starzen entworfene Wohnanlage am Alban-Berg-Weg folgt Roland Rainers Siedlungsmodell

Die Villa Skywa-Primavesi (vgl. S. 50 f.) ist ein hervorragendes Beispiel für Josef Hoffmanns Konzept vom Gesamtkunstwerk

PRIVATE WOHNBAUTEN

Hietzing hat eine enorm große Anzahl architektonisch und kulturhistorisch hochinteressanter privater Wohnbauten aufzuweisen. Viele wichtige Architekten und Architektinnen haben hier gebaut und noch immer ist Hietzing ein Kristallisationsort spannender zeitgenössischer Architektur. Aufgrund des stark beschränkten Platzes in diesem Führer können hier leider nur einige wenige Beispiele Hietzinger Architekturschaffens vorgestellt werden. Der Fokus liegt dabei auf Bauten zwischen 1900 und 1938, also auf dem Beginn der Moderne in Wien. Deswegen fehlen etliche Gebäude selbst so bekannter Architekturschaffender wie Leopold Bauer, Josef Beer, Karl Fischl, Hugo Gorge, Ernst Gotthilf, Josef Hackhofer, Friedrich Ohmann, Joseph Maria Olbrich, Josef Zotti, genauso wie die von Wilhelm Holzbauer, Karla Kowalski, Michael Szyszkowitz oder Heinz Tesar. Und auch auf die Werke zeitgenössischer Architekten und Architektinnen kann leider nicht eingegangen werden.

Haus Beer

Wenzgasse 12

Josef Frank und Oskar Wlach (1929/30)

Der Gummischuhsohlenfabrikant Julius Beer beauftragte Ende der 1920er Jahre Josef Frank und Oskar Wlach mit der Planung eines geräumigen und repräsentativen Wohnhauses auf einem gut 3.000 Quadratmeter großen Grundstück in der Wenzgasse. Das Haus Beer mit seinen 850 Quadratmetern Wohnfläche gilt als eines der besten Beispiele für die Wiener Bau- und Wohnkultur der Zwischenkriegszeit. Wlach und Frank ergänzten einander in kongenialer Weise. Während sich Frank auf die großen Linien und die Organisation des Hauses konzentrierte, galt Wlachs Augenmerk vor allem der Inneneinrichtung. Frank entwickelte das Haus Beer entlang horizontaler und vertikaler Verbindungen. Wichtiges Element

Josef Franks Haus Beer ist einer der interessantesten Bauten der Moderne in Wien

ist dabei ein eigenes Zwischengeschoß mit Galerie, Bibliothek und Musikzimmer als Mittler zwischen den verschiedenen Ebenen von Halle und Wohnzimmer. Besonderen Wert legte Frank auf großzügige Belichtung aller Bereiche und vielfältige Möglichkeiten einer Innen-außen-Beziehung durch mehrere Terrassen und Zugänge in den Garten. In der Zeitschrift „Der Baumeister" kommentierte Frank im Jahre 1931 das Haus Beer unter anderem so: „Ein gut organisiertes Haus ist wie eine Stadt anzulegen, mit Straßen und Wegen, die zwangsläufig zu Plätzen führen." Bei der Fassadengestaltung wechselte Frank in rhythmischer Folge quaderförmige Elemente mit glatten Flächen, blieb jedoch immer im strengen Formenkanon des Quadrats und seiner Unterteilungen. Das Haus Beer steht auch mit Teilen seiner Inneneinrichtung (runder Abstreifer, ornamentaler Speisezimmerfußboden, eingebaute Nischenbänke in der Halle, originale Beleuchtungskörper, Heizkörperabdeckungen, Beschläge, Stein- und Galeriegeländer) unter Denkmalschutz.

Villa Skywa-Primavesi Gloriettegasse 14–16

Josef Hoffmann (1913–15)

Josefine Skywa, die Lebenspartnerin des Industriellen Robert Primavesi, erwarb 1913 zwei Grundstücke an der Gloriettegasse. Skywa und Primavesi beauftragten in der Folge Josef Hoffmann mit dem Bau einer herrschaftlichen Villa und der Anlage eines Gartens auf den beiden zusammengelegten Grundstücken. Skywa und Primavesi waren zu gleichen Teilen Eigentümer und Eigentümerin des Anwesens. Primavesi bestand sogar darauf, dass die Villa beider Namen trüge.

Josef Hoffmann, der Primavesi von dessen Engagement für die Wiener Werkstätte her gut kannte, wählte für die Villa Skywa-Primavesi die Formensprache neoklassizistischer Gestaltungselemente. Dies tritt besonders bei der Fassade mit ihren kannelierten Wandfeldern, deutlich auskragenden und stark profilierten Kranz-

Die Fassadenfiguren an der Villa Skywa-Primavesi stammen von Anton Hanak

gesimsen, einer markanten elfachsigen Pfeilergliederung und mit zwei seichten, giebelfeldgekrönten Eckrisaliten zutage. Das Innere des Hauses ist in einen öffentlichen, repräsentativen Bereich und einen intimeren privaten unterteilt. Das Entree ist als zweigeschoßige Halle mit marmorverkleidetem Stiegenaufgang ausgeführt. Auch die große Halle mit Eichenholzvertäfelungen ist zweigeschoßig angelegt. Die repräsentativen Räume mit Halle, Salon, Bibliothek, Speisezimmer, Speisesaal orientieren sich zum Garten hin.

Die Innenausstattung stammte von Künstlern der Wiener Werkstätte, wie Eduard Wimmer-Wisgrill und Josef Hoffmann selbst Auch die Anlage des Gartens folgte Entwürfen von Josef Hoffmann höchstpersönlich. Für die figurale Ausgestaltung sorgte Anton Hanak, sowohl im Garten als auch bei der Ausstattung der Fassade an der Südseite des Gebäudes zur Gloriettegasse. (Eine detaillierte Darstellung der Villa Skywa-Primavesi findet sich im Kunst- und Kulturführer „Hoffmann in Wien", S. 96–102.)

„Schokoladenhaus" Wattmanngasse 29

Ernst Lichtblau (1914)

Ernst Lichtblau war Schüler Otto Wagners. Das Wohnhaus in der Wattmanngasse 29 ist sein Erstlingswerk. Ein bemerkenswerter

Bau, der ein Wechselspiel von klaren Strukturen horizontaler Schichtung, fast als Vorwegnahme der Neuen Sachlichkeit, eleganten Sprießelfenstern, breiten Kranzgesimsen und opulenten, dunkelbraunen expressionistischen Majolikareliefs von Willy Russ an der Fassade zeigt. Diese Reliefs mit ihren floralen und figuralen Elementen sind Blickfang und Irritation zugleich. Die subtile Strenge des Baukörpers wird erst bei genauerem Hinsehen deutlich. Das sogenannte Schokoladenhaus ist fraglos einer der interessantesten Wohnbauten Wiens zwischen 1910 und 1920.

Von Ernst Lichtblau sind in Hietzing noch zwei Einfamilienhäuser in der Meytensgasse 20 und 22 sowie ein leider zu seinem Nachteil verändertes Einfamilienhaus in der Linzackergasse 9 erhalten.

Ernst Lichtblau musste 1939 in die USA emigrieren. Erst 1961, kurz vor seinem Tod, kehrte er nach Wien zurück.

Willy Russ steuerte die markanten Majolikareliefs zu Ernst Lichtblaus Frühwerk, dem sogenannten Schokoladenhaus, bei

Von Walter Loos sind leider nur wenige Bauten in Wien, wie das Haus Bugner, erhalten

Haus Bugner

Winkelbreiten 33

Walter Loos (1928–30)

Walter Loos, ein Schüler Carl Witzmanns, war ein Meister der kubischen Form. So weisen alle seine Einfamilienhäuser, und nur solche gibt es von ihm, Flachdächer auf. Dennoch schaffte es Loos, jedem seiner Häuser seine eigene Identität zu verleihen. Beim Haus Bugner musste Loos mit minimalen Platzvorgaben auskommen. Auf einer Grundfläche von 8,3 x 8,8 Metern entstand ein beispielhaftes Wohnhaus mit Wohnzone im Erdgeschoß und Schlafräumen mit Terrasse im Obergeschoß. Um Platz zu sparen, wurden zur Erschließung der Schlafräume begehbare Schränke gewählt. Das klar strukturierte Haus ist nach Süden zum Garten hin ausgerichtet.

Robert Oerleys opulente Schildkrötenvasen vor der Villa Wustl entsprechen denen bei der Secession

In der Steinlechnergasse befindet sich ein weiteres Haus von Walter Loos in Hietzing, das bedauerlicherweise durch Umbau zerstört wurde. So bleiben in Wien seine Bauten in Ottakring und Döbling. Walter Loos musste 1938 emigrieren und ließ sich 1940 in Argentinien nieder. Er kehrte nicht mehr nach Österreich zurück.

Villa Wustl

Auhofstraße 13–15

Robert Oerley (1911–13)

Anstelle des 1912 abgebrochenen Schlosses des Herzogs von Braunschweig ließ sich der Industrielle Richard Wustl von Robert Oerley eine repräsentative Villa errichten. Nur Teile des ehemaligen Glashauses waren erhalten geblieben. Oerley integrierte diese in den neuen Bau. In seiner klaren Formensprache nahm der damalige Präsident der Gesellschaft österreichischer Architekten bereits manche Elemente der kommenden Epoche der Sachlichkeit vorweg. Besonders auffällig sind von außen der breite Laternenaufbau über dem Dachgeschoß, der halbrunde Erker an der Ostseite, die großzügigen Terrassen und die breite Auffahrt. Im Inneren wurde die Villa schon in den 1930er Jahren durch Georg Lippert und Kurt

Jože Plečnik schwelgte beim Haus Langer in Gaudí-ähnlichen Formen

Klaudy stark verändert (Umbau in ein Mehrparteienhaus), sodass das ursprüngliche Konzept Oerleys, das auf eine Integration von Strenge und Durchlässigkeit abzielte, nicht mehr greift. Die beiden mächtigen Vasen links und rechts der Auffahrt sind Pendants zu den beiden, mit denen Oerley die Secessionstreppe flankieren ließ.

Haus Langer

Beckgasse 30

Jože Plečnik (1900/01)

Für den gelernten Tischler und Schüler von Otto Wagner Jože Plečnik war die Villa für den Baumeister Karl Langer in der Beckgasse sein erster eigenständiger Auftrag. Langer hatte den Bau schon begonnen und Jože Plečnik für die Detailgestaltung hinzugezogen. Vor allem der Fassadenentwurf des damals 28-Jährigen ist sowohl ungewöhnlich für die Epoche (Jugendstil, Historismus) als auch für Wien. Die fast überbordende, direkt in den Putz eingearbeitete Fassadenornamentik aus bewegten Linien und floralen Elementen wäre wohl eher dem wilderen katalanischen Jugendstil zuzuordnen als dem, was zu dieser Zeit in Wien gefragt war. Die teilweise Verwendung von nach außen gewölbten sogenannten Bow Windows, aus der Fassade ragende steinerne Entenköpfe und die verspielten Dekorteile an der Dachrinne beleben das äußere Erscheinungsbild des Hauses zusätzlich. Auch die Garteneinfriedung wurde von Plečnik gestaltet.

Von Jože Plečnik ist in Hietzing noch die Villa des Galanteriewarenerzeugers Josef Weidmann, eines Onkels von Alban Berg, in der Hietzinger Hauptstraße 6 erhalten, die allerdings 1921 von Rudolf Goebel teilweise umgestaltet wurde.

Haus Rainer („Haus unter Bäumen")

Weidlichgasse 17

Roland Rainer (1964–66)

Roland Rainer, ein Verfechter des Flachbaus und der Verbindung von Natur und Wohnen, konnte Mitte der 1960er Jahre mit seinem eigenen Haus in der Weidlichgasse seine schon 1948 postulierte Philosophie des ebenerdigen Wohnens verwirklichen. Das außen verschlossen wirkende, aber mit ungewöhnlichen Durchblicken versehene Haus wurde aus Holz und alten Ziegeln errichtet. Um

Roland Rainer entwarf das „Haus unter Bäumen" für sich selbst

das Haus so weit wie möglich in den alten Baumbestand zu integrieren, konstruierte Rainer sogar ein eigenes, dreieckig zwischen zwei Stämmen auskragendes Fenster für die Gartenfassade.

Wenige Jahre später konnte Rainer auf dem benachbarten Grundstück Weidlichgasse 15 seine Ideen suburbanen Wohnens gleich noch einmal umsetzen. Dieses Haus ist teilweise in den Hang hineingebaut und wird so zu einem Atriumhaus mit versetzten Ebenen.

Villa Schmeidler

Schlossberggasse 14

Otto Wagner jun. (1901)

Otto Wagner soll nicht allzu überzeugt von den architektonischen Qualitäten seines Sohnes gewesen sein. Das Haus in der Schlossberggasse ist vor allem deswegen interessant, weil es eine unmittelbare Verbindung von jungem, lebendigem Secessionismus und polychromen Jugendstilelementen darstellt. Bei der Gestaltung des Hausinneren folgte Wagner jun., dem Architekturkritiker Friedrich Achleitner zufolge, eher konventionellen Mustern.

Jugendstil und Secessionismus, verbunden in der Villa Schmeidler

ZWEI WICHTIGE ARCHITEKTEN FÜR HIETZING

ADOLF LOOS & CARL WITZMANN

Aus der Fülle wichtiger Architekten und Architektinnen in Hietzing seien hier zwei speziell hervorgehoben als Protagonisten der frühen Moderne mit sehr unterschiedlichen Ansätzen. Dem radikalen Purismus von Adolf Loos steht der breitgefächerte Formenkanon Carl Witzmanns gegenüber.

ADOLF LOOS

Das Werk und die theoretischen Schriften von Adolf Loos sind von großer Bedeutung für die Entwicklung der Architektur nach 1900. Schon früh postulierte Loos, der wie sein altersgleicher Kollege Josef Hoffmann die Staatsgewerbeschule in Brünn besucht hatte, sein Credo von der Funktionalität, der in der Architektur stets der Vorrang gegenüber dekorativer Gestaltung einzuräumen sei. Ein mehrjähriger Aufenthalt in den USA (1892–1896) hat Loos stark geprägt und in ihm die Auffassung gefestigt, dass sich die neuen, modernen Lebensgewohnheiten in der Architektur widerzuspiegeln hätten. Nach seiner Rückkehr nach Österreich war Loos erst publizistisch tätig. Er schrieb eine vielgelesene Artikelserie für die „Neue Freie Presse". Zudem veröffentlichte Loos Artikel in einflussreichen Medien der Kultur- und Architekturszene wie „Ver Sacrum" und „Der Architekt".

Die radikale Architektur von Adolf Loos wurde von Zeitgenossen vielfach als Provokation empfunden (Haus Scheu, vgl. S. 67 ff.)

In der Praxis konnte Loos seine architektonischen Ideen zunächst bei der Gestaltung von Lokalen und Geschäftseinrichtungen umsetzen (Café Museum, Schneidersalon Ebenstein, Schmuckfederngeschäft Steiner, American Bar etc.). Sein erster großer Auftrag für die Planung eines Gebäudes führte gleich zu einem veritablen Skandal. Die Herrenschneider Goldman & Salatsch hatten am Michaelerplatz 1, in prominenter Lage gegenüber der Hofburg, eine Liegenschaft erworben und ließen sich von Adolf Loos ein passendes Haus für ihr Geschäft entwerfen. Das Loos-Haus am Michaelerplatz ist mittlerweile Bestandteil der Weltarchitektur. Der fast völlige Verzicht auf dekorative Elemente in den oberen Geschoßen (bis auf Messingblumenkisten vor den Fenstern) empörte das Kaiserhaus und das konservative Wien. Auch wenn Portal und vor allem die Geschäftsräume im Erdgeschoß und im ersten Stock mit Marmor, Messing, Glas und edlen Hölzern ausnehmend repräsentativ gestaltet waren, so führte doch das Fehlen des in Wien so beliebten Fassadenschmucks zu großer Irritation. Beim Haus für Goldman & Salatsch wird schon deutlich, was in der Folge bei allen Loos-Bauten bestimmend sein wird und letztlich in seinen sogenannten „Raumplan" münden wird. Die Funktionalität der Innenräume bestimmt die Gesamtarchitektur. Dabei kann dekorative Gestaltung im Inneren durchaus erwünscht sein. So verwendete Loos gerne Holz und Marmor. Wichtig sind v. a. die optimale Ausnutzung der räumlichen Möglichkeiten und die Orientierung an der Funktion, die dem jeweiligen Raum zukommt. Der Loos'sche Raumplan sieht vor, dass unterschiedliche Raumhöhen genauso möglich sind wie versetzte Fenster und dort, wo immer es angeraten erscheint, durch Einbaukästen der Platz optimal genutzt werden kann.

Eine wenig bekannte Facette im Schaffen von Adolf Loos ist sein konsequenter Einsatz für hochwertige Siedlungsbauten. Er wollte damit erreichen, dass auch weniger begüterten Menschen hohe Wohnqualität geboten werden kann. So war Loos von 1920 bis 1924 Chefarchitekt des Siedlungsamtes der Stadt Wien. Als sich allerdings der Geschoßbau mit den großen, hofartigen Gemeindebauanlagen in Wien durchzusetzen begann, zog sich Loos aus seiner Position zurück. Im Siedlungsbau sind von Loos vier Beispiele von Siedlungsbauten erhalten. Zwei davon, die Friedensstadt in

Dem Loos'schen Raumplan folgte die Gesamtgestaltung mancher Häuser (Haus Rufer, vgl. S. 71 ff.)

Hietzing und die Siedlung Wien-West am Heuberg, wurden im Laufe der Jahrzehnte bedauerlicherweise stark verändert, sodass der Loos'sche Geist in ihnen nur mehr mit viel Phantasie erkennbar ist. Die Siedlung in der Hischstettener Quadenstraße im 22. Bezirk und Loos' Beitrag zur Werkbundsiedlung sind indes noch recht unverfälscht zu sehen.

Adolf Loos wurde, wohl auch wegen seiner nicht einfachen Persönlichkeit und seiner mitunter wenig umgänglichen Art, Zeit seines Lebens von der Öffentlichkeit sehr kritisch rezipiert. Seine Bedeutung und sein wahrer Stellenwert wurden auf breiter Ebene erst lange nach seinem Tod erkannt.

In Hietzing hat Adolf Loos einen großen Teil seiner Wiener Bauten hinterlassen. Hier werden seine Villen vorgestellt. Über seine Siedlungsbauten in der Friedensstadt (siehe S. 35 f.) und der Werkbundsiedlung (siehe S. 41 ff.) gibt es eine Darstellung im Kapitel „Siedlungsbau und Kommunaler Wohnbau" (siehe S. 28 ff.).

Auch an der Werkbundsiedlung war Loos mit einem Doppelhaus beteiligt

Die strikte Traufhöhenvorgabe umging Loos beim Haus Steiner mit einem Tonnendach

Haus Steiner

St.-Veit-Gasse 10 (1910)

Das höchst eigenwillige Haus Steiner in der Hietzinger St.-Veit-Gasse ist das erste Wohnhaus, das Adolf Loos realisieren konnte. Es entstand zeitgleich mit dem Modekaufhaus für Goldmann & Salatsch am Michaelerplatz. Der Textilfabrikant Hugo Steiner war mit Karl Kraus eng befreundet, der wiederum Adolf Loos gut kannte. Schon 1907 hatte Adolf Loos für Hugo Steiners Mutter das Lokal des Schmuckfederngeschäfts Sigmund Steiner in der Kärntner Straße gestaltet. In der Architektur-Literatur zu Adolf Loos finden sich wiederholt Angaben, dass Loos bereits im Jahre 1900 für das Ehepaar Hugo und Lilly Steiner eine Wohung in der Gumpendorfer Straße eingerichtet habe. Lilly Steiner, geborene Hofmann, war zu jener Zeit, im Jahre 1900, allerdings erst 16 Jahre alt. Gesichert ist, dass sie – noch unverheiratet – eine fundierte Ausbildung an der Kunstschule für Frauen und Mädchen bei Ludwig Michalek absolvierte.

Als Datum für die Verehelichung von Hugo und Lilly wird gemeinhin das Jahr 1904 kolportiert. Aus dem Jahre 1907 datiert eine Radierung von ihr, die Arbeiterinnen beim Dämpfen und Aufbereiten von Straußenfedern zeigt. Das mag als Hinweis auf das Steiner'sche Schmuckfederngewerbe gedeutet werden.

Als Hugo und Lilly Steiner ihren Bauauftrag an Adolf Loos vergaben, stand der Architekt vor dem Problem, dass die Bauordnung für Villen straßenseitig eine bestimmte Traufhöhe vorschrieb, die nur ein Geschoß über Niveau, maximal ein Hochparterre, zuließ. Die Steiners allerdings benötigten viel Platz. Lilly Steiner wollte einen Atelierraum für ihre Arbeit, es sollte eine Bibliothek geben, einen großen, repräsentativen Wohnbereich, Räume für Kinder, ein Dienstbotenzimmer, Platz für die Hausarbeiten. Loos löste die Aufgabe, indem er von der Straßenseite her eine Halbtonne über zwei Stockwerke wölbte und zudem für alle drei Geschoße unterschiedliche Raumhöhen definierte. Im Hochparterre wurde der große Salon in einen Essbereich und einen fürs Wohnen und Musizieren unterteilt. Für die Bibliothek legte Loos eine eigene Nische in der Halle an. Da die Wirtschaftsräume im Dachgeschoß untergebracht waren, verband ein kleiner Materialaufzug den ersten mit dem zweiten Stock.

Zur Gartenseite hin präsentiert sich das Haus Steiner als streng kubistisches Bauwerk mit vier Geschoßen. Denn unter dem Hochparterre befinden sich natürlich auch Kellerräume, beispielsweise für Vorratshaltung und Kohlelagerung, ursprünglich auch für eine Hausbesorgerwohnung. Die geometrischen Fensteröffnungen, auf die jeweiligen Lichterfordernisse der Räume abgestimmt, betonen die Funktionalität des Hauses, das als einer der Schlüsselbauten der Moderne gilt. Die beiden in den Garten leicht auskragenden Seitenteile des Gebäudes schützen die Terrasse und bilden das innere Raumkonzept auch nach außen ab.

Ab etwa 1917 begann Lilly Steiner mit ihren Arbeiten an die Öffentlichkeit zu gehen. So wie die zeitweilig ebenfalls in Hietzing ansässige Malerin und Grafikerin Frieda Salvendy oder die politisch stark exponierte Künstlerin Trude Waehner gehörte Lilly Steiner zu den wenigen Frauen, die Aufnahme in den Hagenbund fanden. Aufgrund ökonomischer Probleme mussten Lilly und Hugo Steiner 1927 nach Frankreich auswandern. Hugo Steiner wurde Leiter der Knize-Niederlassung in Paris. Die Verbindung zu Adolf Loos blieb auftrecht. Loos gestaltete das Knize-Geschäft auf der Avenue des Champs-Élysées. Für Lilly Steiner erwies sich das französische Exil als Segen. Sie erhielt dort jene Anerkennung als Künstlerin, die ihr zukam.

Haus Stoessl

Matrasgasse 20 (1911/12)

Der studierte Jurist Otto Stoessl war ein Beamter bei der Kaiser-Ferdinands-Nordbahn. Ab 1897 betätigte er sich nebenberuflich als Schriftsteller und Essayist. So veröffentlichte er unter anderem in der „Fackel" von Karl Kraus. Stoessl stand mit zahlreichen Vertretern der Moderne in Wien in engem Kontakt, wie Peter Altenberg oder Alfred Kubin. Mit Robert Scheu verfasste er die beiden Dramen „Waare" und „Tote Götter". Bis 1910 hatte Stoessl vor allem mit Erzählungen und Romanen beträchtlichen Erfolg. So konnte er bei Adolf Loos, der ihm schon um 1900 eine Wohnungseinrichtung entworfen hatte, ein Haus für seine dreiköpfige Familie in Auftrag geben. In dem in Hanglage errichteten Gebäude wünschte sich der Bauherr – ähnlich wie Hugo und Lilly Steiner – ein möglichst großzügiges Platzangebot. Loos wählte in diesem Fall einen Mansardenaufbau über dem Hochparterre. So kamen letztlich ohne Souterrain 250 Quadratmeter verfügbarer Wohnfläche zustande. Zur optimalen Raumnutzung trugen auch die von Loos entworfenen Einbaumöbel bei. Eine ganz besondere Rolle war dem großzügigen Esszimmer im Hochparterre zugedacht. Der mit Loos-Möbeln aus Stoessls vorheriger Wohnung in der Auhofstraße eingerichtete Raum diente ihm und seinem Freundeskreis als sonntäglicher Begegnungsort, der bei Bedarf mit

Beim Haus Stoessl hatte es Loos mit einem schmalen Grundstück in schwieriger Hanglage zu tun

geringem Aufwand in einen kleinen Theatersaal umgewandelt werden konnte. So soll hier unter anderem Stoessls Sohn einmal gemeinsam mit den späteren Architekten Roland Rainer und Walter Jaksch „Turandot" gespielt haben. Im Haus Stoessl setzte Loos erstmals eine bedarfsorientierte Raumhöhenverteilung ein. So wurden die Decken von Badezimmer, Garderobe und Gang abgesenkt, um dem darüberliegenden Arbeitszimmer Stoessls mehr Höhe zu gewähren. Und wie schon im Haus Steiner gibt es auch im Haus Stoessl einen kleinen Materiallift. Dieser verbindet die Küche mit dem Bibliothekszimmer. Wie praktisch.

Haus Horner

Nothartgasse 7 (1912)

Die Tonne bestimmt das Sein in diesem Haus. Wieder musste Loos mit einer kühnen Dachkonstruktion auf die Traufkantenbeschränkung einerseits und den Platzbedarf andererseits reagieren. Auf einem nahezu quadratischen Grundriss mit rund zehn Metern Kan-

Das Tonnendach ermöglichte auch beim Haus Horner eine optimale Nutzung des Obergeschoßes

tenlänge erhebt sich ein tonnenüberwölbter Kubus, unter dessen Dach eineinhalb Geschoße Platz finden, sodass das Haus Horner letztlich mit 200 Quadratmetern Wohnfläche aufwarten kann. Die gute Ausnutzung des abschüssigen Grundstücks ermöglichte einen nahezu viergeschoßigen Bau. Das Souterrain hat einen ebenerdigen Zugang zum Garten. Um Kosten zu sparen, verzichtete Loos auf tragende Mittelwände. Die Raumhöhen sind innerhalb der Geschoßebenen einheitlich und auch die Fenster sind einfach und funktional ausgeführt. Für eine optimale Belichtung aller Räume sorgen in das Tonnendach eingeschnittene zusätzliche Fenster im Obergeschoß.

Wie lange sich die Bauherrin Helene Horner an ihrem Haus erfreuen konnte, ist nicht gesichert. In Lehmanns Adressverzeichnis von Wien scheint in den Jahren 1912 bis 1920 keine Helene Horner an dieser Adresse auf. Aber auch das in der Literatur ab 1916 vorkommende Eigentümerehepaar Lahar wird im Lehmann nicht angeführt. Gesichert ist die Todesmeldung zu Helene Horner am 25. Jänner 1944 im KZ Theresienstadt.

Haus Scheu

Larochegasse 3 (1912/13)

Gustav Scheu war der Sohn des Komponisten, Hornisten und Begründers des Arbeitersängerbundes Josef Scheu. Gustav war allerdings nicht der Musik zugeneigt. Er wurde Anwalt und ein Verfechter der aus England kommenden Gartenstadtbewegung. 1907 war er einer der Mitbegründer der Zentralstelle für Wohnungsreform. Gut zehn Jahre später, im Dezember 1918, gehörte er als einer der ersten Sozialdemokraten dem provisorischen Wiener Gemeinderat an, bevor er bei den ersten freien, allgemeinen Wahlen in Wien im Mai 1919 in den Gemeinderat und von dort in den neuen Stadtrat gewählt wurde. Eineinhalb Jahrzehnte zuvor hatte Scheu die junge Schriftstellerin und Journalistin Helene Riesz geheiratet. Helene Scheu-Riesz, wie sie fortan hieß, spielte bis 1937, als sie dem faschistisch regierten Österreich den Rücken kehrte und in die USA emigrierte, eine wichtige Rolle im Kulturleben Wiens. Schon 1904 war ihr erster Roman erschienen. Sie schrieb für die „Neue Freie Presse" und die „Arbeiterinnen-Zeitung" und arbeitete als Übersetzerin. Großen Erfolg hatte Helene Scheu-Riesz mit ihren Kinder- und Jugendbüchern, die in Carl Konegens Verlag erschienen und weite Verbreitung fanden. Zwei Aspekte waren Helene Scheu-Riesz bei dieser Buchreihe besonders wichtig. Zum einen sollte die Kinder- und Jugendliteratur vom Kitsch befreit werden. Neben den Inhalten trug dazu ganz wesentlich die Gestaltung bei. Dafür konnte Helene Scheu-Riesz Franz Cizek gewinnen. Cizek gilt als Pionier der Kunsterziehung. Ab 1903 unterrichtete er an der Kunstgewerbeschule, der Vorläuferin der Universität für angewandte Kunst. Mit Studierenden aus seiner Klasse steuerte Cizek die Illustrationen zur neuen Kinderbuchreihe bei. Der zweite wichtige Punkt war für Helene Scheu-Riesz, dass die Kinderbücher erschwinglich waren. Zwanzig bis dreißig Heller kosteten die kleinen Bändchen pro Stück. Das konnten sich viele gerade noch leisten. Für diejenigen, denen selbst das zu teuer war, richtete Scheu-Riesz eigene Lesestuben ein, „Sesam-Leseräume" genannt. Sie waren dort, wo an bedürftige

Kinder Milch und Kakao ausgegeben wurden. In den 1920er Jahren gründete Helene Scheu-Riesz ihren eigenen Verlag, den Sesam-Verlag, mit dem sie ihre erfolgreiche Arbeit fortsetzen konnte.

Gustav Scheu starb 1935. Helene ging alleine in die Emigration. Zuerst ließ sie sich auf der Insel Ocracoke, vor der Küste North Carolinas, nieder, bevor sie nach Chapel Hill und später nach New York übersiedelte. Schon in North Carolina gründete sie einen neuen Verlag, Island Press; später in New York wurde der Sesam-Verlag als Open Sesame, Inc. wiederbelebt. Und auch hier agierte sie wieder sehr erfolgreich. Dennoch kehrte sie 1954 nach Wien zurück, um sich hier im Bildungsbereich zu engagieren und wieder als Übersetzerin zu arbeiten. 1970 starb Helene Scheu-Riesz in Wien im neunzigsten Lebensjahr.

Knapp sechzig Jahre vorher hatten Helene und Gustav Scheu den mit ihnen befreundeten Adolf Loos mit der Planung eines neuen Hauses auf dem Grundstück Larochegasse 3 beauftragt. Neu war nicht nur das Haus. Grundlegend neu war auch die Gestaltung.

Die Terrassen des Hauses Scheu sollten einen späteren Ausbau ermöglichen

Das Haus Scheu war das erste Terrassenhaus Wiens, manche sagen sogar das erste in Mitteleuropa. Loos wollte die Möglichkeit nutzen, mit Hilfe der neuen Bautechniken aus Flachdächern begehbare Terrassen zu machen. Zugleich konnte er so der Bauherrschaft die Möglichkeit bieten, im Falle zusätzlichen Platzbedarfs mit geringem Aufwand das Haus zu erweitern. Natürlich war die Baubehörde von diesem Entwurf vorerst nicht besonders angetan. Natürlich gab es besondere Auflagen, wie beispielsweise die Verpflichtung zur Begrünung der glatten Fassaden. Es war im Bauamt noch immer die Einstellung vorherrschend, die Loos in einem kritischen Aufsatz aus dem Jahre 1914 einmal folgendermaßen zitierte: „Die Fassade läßt malerische Ausgestaltung vermissen, wie dies in dieser Gegend durch Anbringung von Dächern, Türmchen, Giebeln und Erkern zu geschehen pflegt." Die architektonische Provokation des Terrassenhauses Scheu konnte letztlich trotzdem umgesetzt werden. Wie radikal dieser Bau war, lässt sich wohl am besten ermessen, wenn man sich vor Augen führt, dass zu jener Zeit in Wien neben späthistoristischen oder neoklassizistischen Entwürfen gerne die Häuser der Heimatschutzbewegung gebaut wurden.

Auch die Gestaltung im Haus übernahm Adolf Loos. Helene Scheu-Riesz führte hier einen Salon, in dem regelmäßig wichtige Intellektuelle sowie Künstler und Künstlerinnen verkehrten: Oskar Kokoschka, Arnold Schönberg, Alban Berg, Elisabeth Neumann-Viertel, Eugenie Schwarzwald, Hilde Spiel und natürlich Adolf Loos.

Am Haus Scheu sind seit den 1920er Jahren mehrfach Veränderungen durchgeführt worden. Erst wurde die Option wahrgenommen, die beiden Terrassen sukzessive zu überbauen. 1978/79 sind diese Überbauungen nach Plänen von Heinz Neumann und Sepp Frank wieder rückgängig gemacht worden, sodass sich das Haus Scheu nun wieder in dem von Adolf Loos konzipierten Zustand zeigt.

Bedauerlicherweise ist der Entwurf von Loos, der für das Nachbargrundstück Larochegasse 5 ein direkt an das Haus Scheu angebautes, tonnendachüberwölbtes Gebäude vorgesehen hätte, nie realisiert worden. Stattdessen gibt es hier nun einen viergeschoßigen Apartmentbau, dem anzusehen ist, dass sich die Verantwortlichen bei der Formulierung der architektonischen Qualitätsanforderungen äußerste Zurückhaltung auferlegt haben.

Haus Strasser Kupelwiesergasse 28 (1918/19)

Am 19. Mai 1895 verlautbarte die „Wiener Zeitung" in ihrem „Amtlichen Theil" diverse Ernennungen, die „Se. k. und k. Apostolische Majestät mit Allerhöchstem Handschreiben" vorgenommen hatte. Der Kaiser geruhte aus diesem Anlass auch „den Regierungsrath und Ceremoniel=Protokollführer im Oberhofmeisteramte Heinrich Ritter Loebenstein von Aigenhorst, in neuerlicher Anerkennung seiner vorzüglichen Dienstleistung zum Ceremoniel=Director mit der Einreihung in die fünfte Rangclasse allergnädigst zu ernennen". Im selben Jahr noch ließ sich der neue Herr „Ceremoniel=Director" im Oberhofmeisteramte und kaiserlich-österreichische Herold eine standesgemäße Villa in der Kupelwiesergasse in Hietzing errichten, die er im folgenden Jahr bezog.

Mit dem Ende der Monarchie war allerdings auch die letzte Blüte des österreichischen Adels vorbei. Der Fabrikant Karl Strasser und seine Frau Hilda erwarben die Villa Loebenstein und beauftragten Adolf Loos mit einer zeitgemäßen Umgestaltung. Karl Strasser war Eigentümer der „Gebrüder Strasser Glacélederfabrik und Färberei". Die Strassers hatten zuvor in der Larochegasse 17 gewohnt. Das neue Haus sollte Adolf Loos an ihre Bedürfnisse adaptieren. Das tat er mit der ihm eigenen Gründlichkeit. Die alten Teile sind heute kaum mehr zu erkennen. Die Fassade wurde radikal umgestaltet und soll das innere Raumkonzept nach außen abbilden. Im Inneren wird der Loos'sche Raumplan erstmals ganz konsequent umgesetzt. Die niedrige Raumgruppe Windfang mit Diele und Garderobe ist mit den darüberliegenden Räumen Musikpodium und Bibliothek

Das Haus Strasser ist ein Umbau einer bestehenden Villa

verknüpft und bildet mit ihnen gewissermaßen einen Raumblock. Über ein Raumgelenk zwischen Musik- und Speisezimmer wird der Kern des Hauses erschlossen. Natürlich stammt auch die komplette Einrichtung von Adolf Loos, inklusive Einbaumöbel, Vertäfelungen, grün gespachtelten Onyx im Speisezimmer, Figurenfries und Marmorsäule. Das Haus Strasser weist in Summe vier nutzbare Geschoße auf. Die Dachterrasse wurde mit einem Aufbau versehen, der Platz für einen Aufzug und die Gartenmöbel bietet.

Haus Rufer

Schließmanngasse 11 (1922)

Ab 1919 besuchte Heinrich Kulka neben seinem Studium an der Technischen Hochschule in Wien Adolf Loos' Bauschule. Mit zwei Wettbewerbsentwürfen für Kleinsthäuser beeindruckte Kulka seinen Lehrer Loos dermaßen, dass dieser ihn ab 1920 als Zeichner in seinem Atelier beschäftigte. 1922 hatte Kulka erstmals Gelegenheit, gemeinsam mit Loos ein Bauprojekt mitzuentwickeln.

Beim Haus Rufer musste Loos mit 10 x 10 Metern Grundfläche auskommen

Das Haus für den Kaufmann und Zuckerhändler Josef Rufer und seine Frau Marie in der Schließmanngasse gilt als die erste konsequente Umsetzung des Loos'schen Raumplans. Der Begriff „Raumplan" wurde übrigens erstmals von Kulka in einer Monographie für Adolf Loos im Jahre 1931 verwendet.

Beim Haus Rufer bestand die große Herausforderung für Loos und Kulka darin, auf einem Grundriss von 10 x 10 Metern möglichst viele gut nutzbare Räume unterzubringen. Das führte zu konsequenten vertikalen Raumverschränkungen, wie sie Loos erstmals beim Haus Strasser eingesetzt hatte. Im Haus Rufer allerdings wird diesem Raumverschränkungsprinzip, dem Raumplan, die gesamte Gestaltung unterworfen. Das Haus wird vom Eingang bis zum letzten Zimmer im obersten Geschoß über einen gedachten Weg erschlossen. Die Beziehungen der verschiedenen Raumgruppen zueinander folgen nach Loos' Vorstellungen funktionalen wie ästhetischen Kriterien. Wichtig war Loos und Kulka zudem, dass diese Innenstruktur über Anordnung und Größe der Fenster auch nach außen, an der ansonsten glatten Fassade, abgebildet wurde. Zur Wahrung der Fassadenharmonie ließ Loos straßenseitig als kompositorisches Element eine Reliefkopie mit einem Ausschnitt des Parthenonfrieses anbringen. Das Haus Rufer hat im Laufe der Zeit mehrfache Änderungen erfahren. Die wichtigste Raumgruppe, bestehend aus Diele, Musikzimmer, Treppe und erhöhtem Sitzplatz, ist allerdings erhalten geblieben.

Haus Reitler

Elßlergasse 9 (1922)

Wie schon beim Haus Strasser wurde Adolf Loos beim Haus Reitler mit einem Hausumbau beauftragt. Die ursprüngliche Villa des Stadtbaumeisters sollte für das neue Eigentümerpaar Karoline und Fritz Reitler adaptiert werden. Es sollte eine Garage angebaut und mehr Wohnraum geschaffen werden. Loos löste die Aufgabe durch das Aufsetzen eines weiteren Geschoßes, das mit einem flachen Zeltdach versehen wurde. Der Eingang wurde auf die Gartenseite verlegt und die Garage überbaut. Solcherart entstand der von Loos bevorzugte Weg ins Haus. Bei den Änderungen im Inneren wurde der Loos'sche Raumplan bei weitem nicht so radikal umgesetzt wie beim Haus Strasser. In den 1980er Jahren erfuhr das Haus Reitler unter seinem neuen Eigentümer, dem Poeten und Konzeptkünstler André Heller, weitere Veränderungen, die von Luigi Blau umgesetzt wurden. Es gibt nun einen Terrassenanbau zum Garten hin. Das Ober- und Dachgeschoß wurden zu Wohnräumen umgebaut und es wurde ein großer, durchgängiger Raum mit Kaminsitzecke – wie sie auch Loos sehr geschätzt hatte – geschaffen.

Das Haus Reitler ist von außen erst auf den zweiten Blick als Loos-Haus erkennbar

CARL WITZMANN

Neben Adolf Loos hat Carl Witzmann eine ganz besondere Bedeutung für die Villenarchitektur der frühen Moderne in Hietzing. Carl Witzmann war Schüler von Josef Hoffmann und hatte eine ähnliche Auffassung vom umfassenden Gesamtkunstwerk wie sein Lehrer. So versah Witzmann, der auch als Gestalter von Möbeln und Alltagsgegenständen einen hervorragenden Ruf genoss, die von ihm entworfenen Villen vorzugsweise gleich mit dem passenden Interieur. Im Laufe der Jahre gewann die Gestaltung von Innenräumen und Gegenständen eine immer größere Bedeutung in Witzmanns Schaffen. Witzmann, der Mitglied der Wiener Werkstätte und des Werkbundes war, stieß mit seinen Entwürfen im Allgemeinen auf große Zustimmung. Wohl auch, weil er stets bemüht war, Funktionalität mit gefälligen Formen zu verbinden. So erteilten ihm renommierte Firmen wie Backhausen, Thonet oder Lobmeyr gerne Gestaltungsaufträge. Ab den 1930er Jahren widmete sich Witzmann verstärkt der Ausstellungsgestaltung und der Theaterausstattung. In diesen Bereichen konnte er auch nach der Machtübernahme der Nationalsozialisten in Österreich mit Erfolg weiterarbeiten.

In seinem architektonischen Schaffen ist Witzmann wohl der gemäßigten Moderne zuzurechnen. Verglichen mit den Arbeiten seines um 13 Jahre älteren Kollegen Adolf Loos, wirken Witzmanns Entwürfe konzilianter, weniger radikal. Statt auf jegliches Dekor konsequent zu verzichten und der glatten Fassade den Vorzug zu geben, setzte Witzmann gekonnt unterschiedliche gestalterische Elemente ein. Die Bandbreite reicht da von Kannelierungen über Loggien und Exedren bis zu Kranzgesimsen oder turmähnlichen Anbauten, wie bei der Villa Kortschak. Auffällig ist in Summe bei allen Bauten Witzmanns, dass er immer wieder historisierende Elemente, vor allem aus dem Biedermeier, in seine Entwürfe einfließen lässt und dennoch der Formensprache der Moderne verpflichtet ist.

Carl Witzmanns Villen sind funktional und folgen klaren ästhetischen Linien (Haus Röminger, vgl. S. 81 f.)

Insgesamt 21 Wohnhäuser Witzmanns sind in Hietzing belegt oder werden ihm zugeschrieben. Dazu kommen Wohnungseinrichtungen und drei Cafés, die jedoch bedauerlicherweise nicht mehr erhalten sind. Neben hier detaillierter dargestellten Bauten sind in Hietzing folgende Häuser von Carl Witzman zu sehen (in chronologischer Reihenfolge):

- 1907 Villa, Kienmayergasse 37–39
- 1910 Villa, Eitelbergergasse 9
- 1910 Anbau Villa, Lainzer Straße 109
- 1911–1913 Villa Ungar, Beckgasse 32
- 1912 Wohnhaus „Hackinger Hof", Auhofstraße 189 (zum St. Josef Krankenhaus gehörig)

- 1913 Doppelvilla, Kupelwiesergasse 42–42a
- 1915 Doppelhaus Gröger, Mantlergasse 16
- 1919 Haus Klein (Umbau und Adaptierung), Hietzinger Hauptstraße 20
- 1921 Wohnhaus, Lainzer Straße 33
- 1922/23 Villa Blum, Angermayergasse 1
- 1930 Haus Witzmann, St.-Veit-Gasse 76

Ein Sonderfall unter diesen Gebäuden ist die Villa Blum. Der Industrielle Leopold Blum, ein Linoleum- und Wachstuchfabrikant, ließ sich 1922/23 von Carl Witzmann eine repräsentative Villa auf einem weitläufigen Grundstück am Trazerberg (Angermayergasse 1) errichten. 1932 überschrieben Leopold und Meta Blum die Liegenschaft auf ihre Tochter Lucy Blum. 1938 mussten Leopold und Meta Blum sowie ihre Tochter Lucy und deren Ehemann Friedrich Mertens vor der Verfolgung durch das NS-Regime aus Österreich fliehen. 1941 beschlagnahmte die Gestapo das Anwesen der Blums und veräußerte es 1942 an den Flugzeugfabrikanten Ernst Heinkel, der den Witzmann-Bau eilends umgestalten und mit einem Anbau versehen ließ, um in seinem neuen Haus auch Büros und Arbeitsräume für Angestellte unterbringen zu

Witzmanns Haus in der Auhofstraße, einer seiner ersten Villenbauten, liegt heute hinter Bäumen versteckt

können. Die Fertigung der Heinkel-Flieger erfolgte in Schwechat, in Mödling und in der Seegrotte in der Hinterbrühl. Diese Arbeiten wurden vornehmlich von KZ-Häftlingen verrichtet.

1950 wurde das Blum-Anwesen mit dem deutlich veränderten Haupthaus und den Nebengebäuden an Lucy Blum restituiert, die es ihrer Mutter überließ. Meta Blum verkaufte die gesamte Liegenschaft 1952 an das Bundesministerium für Land- und Forstwirtschaft, das hier ein Ausbildungszentrum einrichtete. Ende der 1950er Jahre wurden umfangreiche Änderungen am Hauptgebäude durchgeführt, das 1978 einen Ergänzungsbau erhielt. Heute ist nur mehr das Gärtnerhaus im Originalzustand erhalten.

Einfamilienhaus — Auhofstraße 78 (1910)

Witzmann war erst 27 Jahre alt, als er diese Villa entwarf. Bemerkenswert ist der mit einem Giebeldach gedeckte Zugang von der Straße. Die Halle erinnert an Bauten von Witzmanns Lehrer Josef Hoffmann auf der Hohen Warte. Auch das weit auskragende Walmdach könnte, wie die fein unterteilten Sprießelfenster, von Hoffmann sein. Und doch sind auch die Unterschiede unübersehbar. Während Hoffmann um 1910 in Opulenz schwelgte – es war die Zeit der Fertigstellung des Palais Stoclet –, zeigte sich Witzmann doch biedermeierlich zurückhaltender, mit nüchterner, dreiachsiger Fassadengliederung.

Mietvilla — Meytensgasse 4 (1911)

In der Meytensgasse hat Carl Witzmann gleich drei Bauten hinterlassen. Diese Mietvilla aus dem Jahre 1911 ist nüchtern und sachlich gehalten. Durch Variation gleicher Strukturelemente, speziell der Fenster, erhält der ansonsten dekorationslose Bau eine plastische und hochinteressante Gliederung. Mittlerweile

Die Mietvilla in der Meytensgasse 4 (l.) ist, verglichen mit der zeitgleich errichteten Villa Haas (r.), sehr zurückhaltend gestaltet

wurde auch das Dachgeschoß ausgebaut. Witzmann hätte das wohl anders gemacht.

Villa

Münichreiterstraße 32 (1912)

Bei dieser 1912 fertiggestellten Villa in der Münichreiterstraße legte Witzmann besonderen Wert auf eine detaillierte Fassadengestaltung. Fünfachtelerker mit vertikalen Ornamentstreifen, Ornamentfelder aus Kunststein an den Ecken und ein straßenseitiges Lunettenfeld, das mit einem Madonnenrelief aus Terrakotta versehen wurde, verleihen der Villa zurückhaltende Eleganz.

Villa Haas

Eitelbergergasse 18 (1912)

Leopold Haas war Teilhaber an der Linoleum Aktiengesellschaft Blum-Haas. Schon rund zehn Jahre, bevor sich sein Kompagnon Leopold Blum am Trazerberg von Carl Witzmann ein größeres Anwesen errichten ließ, beauftragte Leopold Haas den noch jungen

Mit der Villa Kosmak nähert sich Witzmann in experimenteller Weise der Moderne an und verlässt seinen gewohnten Formenkanon

Architekten mit der Planung einer repräsentativen Villa in der Eitelbergergasse. Die ausführende Baufirma war diejenige von Eduard Ast, der sich selbst kurz zuvor von Josef Hoffmann seine eigene Villa auf der Hohen Warte hatte entwerfen lassen (siehe „Hoffmann in Wien", S. 84 ff.). Wie Hoffmann bei der Villa Ast, so bediente sich Witzmann bei der Villa Haas beim neoklassizistischen Formenkanon. Kannelierungen, Portalvorbau, eingezogener Mittelteil, reich gegliederte Sprießelfenster, detailreiche Verandagitter, opulente Dachlandschaft über einem tendenziell kubischen Baukörper.

Villa Kosmak

Elßlergasse 8 (1912/13)

Die Villa Kosmak gilt als bedeutender Bau der Wiener Protomoderne. Bei diesem dreigeschoßigen, kubischen Baukörper hat Witzmann – abgesehen von der Portalzone – auf Dekor verzichtet. Hier nähert er sich eher Loos an, als dass Parallelen zu seiner sonstigen Formensprache zu erkennen wären. Auch die weit auskragenden Dachvorsprünge sind ungewöhnlich. Es scheint fast, als hätte Witzmann hier experimentiert. Das Ergebnis jedenfalls ist gelungen.

Villa Kortschak

Veitingergasse 46 (1912/13)

Die zeitgleich mit der Villa Kosmak entstandene Villa Kortschak ist ein typischer Witzmann-Bau. Der Linienschiffskapitän Guido Kottowitz Edler von Kortschak hatte 1912 den Baugrund von Julius Frankl erworben (siehe auch Villa Gerger, unten). Er wünschte sich von Carl Witzmann eine zweigeschoßige Villa mit ausgebautem Dach. Die bekam er. Neoklassizistische Elemente, breite Kranzgesimse, hohe Fenster, deren Teilung an das englische System – unten kleinteilig, oben flächig – erinnert, dazu ein Pfeilerportikus und ein dem Gebäude vorgestellter zweigeschoßiger Rundturm. Hier hat Witzmann aus dem Vollen geschöpft. Der Baumeister war, wie auch bei der Villa Haas, Eduard Ast.

Villa Gerger

Larochegasse 13/Elßlergasse 11 (1912/13)

Auf dem Gelände zwischen Hietzinger Hauptstraße, Lainzer Straße und Sankt-Veit-Gasse wurde 1861 vom Unternehmer Karl Schwender ein Vergnügungspark eröffnet, der als „Neue Welt" in Wien bald zu einem beliebten Ausflugsziel wurde. Auf dem großen Areal gab es ein Schloss, das sogenannte Pereira-Schloss, benannt nach dem ehemaligen Bankhaus Pereira, aus dessen Konkursmasse Schwender die Liegenschaft erworben hatte. Schwender ließ in den Schlosspark eine Freiluftarena, ein Kaffeehaus, Tanzterrassen, ein Theater, Lokale und Orchesterpavillons, in denen Johann Strauss aufspielte, errichten. Sogar eine maurische Burg aus Holz, die sogenannte Alhambra, gab es. Der große Börsenkrach 1873 und die nachfolgende Wirtschaftskrise brachten auch die „Neue Welt" in eine ökonomische Schieflage. 1883 wurde der Park geschlossen. Julius Frankl erwarb das Gelände, parzellierte es und verkaufte die Grundstücke in der Folge. So entstand nach 1900 eine neue Villengegend mit teils hochinteressanten Gebäuden.

Die Villa Gerger wurde vom Stadtbaumeister Rudolf Otto Gerger nach Plänen von Carl Witzmann offenbar mit dem Ziel errichtet, mit einem gut verkäuflichen Objekt schnellen Gewinn zu machen. Die Rechnung ging auf und der neue Besitzer gab bei Witzmann gleich noch eine unterkellerte Veranda für sein neues Haus in Auftrag. Die gut restaurierte Villa weist charakteristische, schmale, hohe Sprießelfenster auf, die der weitgehend schmucklosen Fassade eine klare Struktur verleihen und auch im Dachgeschoß Verwendung finden. Damit wirkt das Haus schlanker und höher als es ist.

Haus Röminger

Beckgasse 39 (1913)

Einer der letzten Bauten Witzmanns vor dem Ersten Weltkrieg ist diese Villa. Ein raffinierter Grundriss mit gartenseitiger Loggia, mit Terrassen und Halbrunderker sowie großzügiger Raumaufteilung kennzeichnet dieses Haus. Die Eingangssituation ist ein Abgang in den Garten, der ursprünglich ein klares Gestaltungs-

Die Villa Kortschak (l.) war im Gegensatz zur Villa Gerger (r.) ein Auftragswerk. Witzmann konnte aus dem Vollen schöpfen.

Die für den Lundenburger Baumeister Heinrich Röminger entworfene Villa orientiert sich zum ursprünglich sehr repräsentativ gestalteten Garten hin

konzept aufwies und einen Pavillon hatte. Beides ist verloren gegangen. Das Haus wurde in einer Weise saniert, wie sich wohl durchschnittlich begabte Immobilienmakler eine ertragbringende Luxusimmobilie vorstellen. Inklusive nachträglich schräg in die Fassade versetzten Liftschachts und Isolierglasterrassentüren von geringer Eleganz.

Villa

Meytensgasse 19 (1923)

Zu Beginn der 1920er Jahre hatte Carl Witzmann noch zweimal Gelegenheit, in der Meytensgasse zu bauen. Auf dem Eckgrundstück am Goldmarkplatz wählte Witzmann ein gleichschenkeliges Dreieck als Grundrissvorgabe. Die Hypotenuse zum Garten hin wurde mit übereinander liegenden elliptischen Salons versehen. Während die Erdgeschoßzone einen direkten Zugang zum Garten aufweist, ist dem Salon im ersten Stock eine halbkreisförmige Terrasse vorgelagert. Auf dem Obergeschoß befindet sich eine weite-

Die Villa Meytensgasse 19 trägt noch deutlich Witzmanns Handschrift (l.). Der Bau Meytensgasse 27 (r.) indes wurde innen massiv umgestaltet.

re, sehr großzügige Terrasse mit beigefügter Turmstube. Diese sehr eigenwillige Anlage findet im sonstigen Œuvre Witzmanns keine vergleichbare Entsprechung, erscheint hier aber als idealtypische Lösung. Die Fassade zur Straße hin ist durch Lisenen deutlich gegliedert und mit ornamentierten Kunststeinplatten versehen.

Villa

Meytensgasse 27 (1923/24)

Der bedeutende österreichische Architekturkritiker Friedrich Achleitner nennt den Grundriss dieser Witzmann-Villa palladinisch. In der Tat lehnt sich dieser eindrucksvolle Bau mit seinem hohen Walmdach, der großen Halle und der, von zwei runden Stiegen gesäumten, Gartenterrasse im Hochparterre an klassische Vorbilder an. Im Nachhinein wurde das Gebäude noch mit zwei flankierenden Anbauten versehen. Heute ist die Villa Sitz eines großen österreichischen Markenartikelunternehmens, das vor allem für seine Kaffeemilch bekannt ist.

Das massive und etwas klobig gestaltete Amtshaus ist das wohl markanteste direkt am Wienfluss gelegene Hietzinger Gebäude

ÖFFENTLICHE BAUTEN UND GEWERBEGEBÄUDE

Gewerbe und Industrie haben in Hietzing nie eine große Rolle gespielt. Die wichtigen Produktionsstätten Wiens liegen in anderen Bezirken. Dennoch finden sich auch in Hietzing einige kunsthistorisch und architektonisch äußerst bemerkenswerte Gewerbebauten. Die bedeutenden unter ihnen werden hier gemeinsam mit wichtigen öffentlichen Bauten vorgestellt.

Amtshaus für Hietzing und Penzing (1912/13)

Hietzinger Kai 1

Ab 1892 war Hietzing ein außerordentlich großer Bezirk, der aus insgesamt zehn Teilen, ehemals selbständigen Dörfern und Ortschaften, bestand. Rechts des Wienflusses waren dies Hietzing, Unter St. Veit, Ober St. Veit, Lainz, Speising, Hacking; links des Wienflusses Baumgarten, Breitensee, Hütteldorf und Penzing. Die diversen bezirkswichtigen Ämter waren in unterschiedlichen Gebäuden in der Trautmansdorff-, Wattmann- und Woltergasse untergebracht. Eine zwickelförmige Grünfläche und ein Teil der ehemaligen Dampftramwayanlage wurden als Bauplatz für ein neues Amtshaus ausgewählt. Die Lage unmittelbar bei der damaligen Kaiser-Franz-Josefs-Brücke (heute Kennedybrücke) erschien ideal für beide Bezirkshälften. Der vom Stadtbauamt entworfene und vom Baumeister Guido Gröger ausgeführte monumentale späthistoristische Bau orientiert sich stilistisch an Formen der Neogotik und Neorenaissance, die zu jener Zeit in München bei vergleichbaren Bauten beliebt waren. Im Historismus der Wiener Ringstraßenzeit war zuvor schon eleganter gebaut worden. Auch nach der Aufteilung Hietzings 1938 in zwei Bezirke blieb das Amtshaus am Hietzinger Kai ein Gemeinschaftsgebäude für

Die von Arthur Strasser gestalteten Bronzeadler sind die einzigen Relikte der von Friedrich Ohmann und Josef Hackhofer errichteten „2. Kaiser-Franz-Josephs-Brücke"

Hietzing und Penzing. Im Feber 1945 erlitt das Amtshaus massive Kriegsschäden, die jedoch allesamt, inklusive der Wiederherstellung des Turms, repariert wurden. 1978 wurde die Anlage um einen Erweiterungsbau in der Dommayergasse ergänzt.

Ehemaliges Versorgungsheim (1902-04)

Versorgungsheimplatz 1

Die dramatische Bevölkerungszunahme Wiens ab 1860 ließ gegen Ende des 19.Jahrhunderts den Bedarf an Einrichtungen für die Bedürftigenversorgung stark ansteigen. Im Jahre 1896 wurde zudem die sogenannte Heimatgesetznovelle beschlossen, die nach zehn Jahren Ansässigkeit in Wien einen Anspruch auf Armenversorgung garantierte. Mit der Errichtung des Versorgungsheimes Lainz wurde Platz für 2.000 solcher Bedürftiger geschaffen, in einer zweiten Ausbaustufe sollte die Kapazität auf 4.000 Plätze

Für die Verwaltungsgebäude des Versorgungsheims wählten Helmreich und Scheiringer neoromanische Formen

Zwei spiegelgleiche späthistoristische Sichtziegelbauten flankieren die Kamillianerkirche (vgl. S. 26) beim Eingang zum Versorgungsheim

verdoppelt werden. Das Versorgungsheim Lainz war zu seiner Zeit eine richtungsweisende Institution. Sowohl die Anlage als gut ausgestatteten Pavillonsystem mit klaren Aufgabenzuteilungen als auch das System der Selbstversorgung mit eigenen Gärten, Feldern und einer kleinen Viehzucht waren beispielhaft. Ab 1922 wurde das Versorgungsheim sukzessive mit medizinischen Einrichtungen versehen. In den 1940er Jahren war es ein Kriegslazarett, um ab 1950 allmählich zu einem Pflegeheim zu werden. Das aktuelle Wiener Geriatriekonzept sieht neue, dezentrale Formen der Altenpflege vor. Das ehemalige Versorgungsheim soll unter Berücksichtigung des Denkmalschutzes künftig Wohnzwecken dienen.

Die von Rudolf Helmreich und Johann Nepomuk Scheiringer entworfene Anlage ist einer teils neoromanischen, teils secessionistischen Formensprache verbunden. Speziell die späteren Bauteile weisen bereits signifikante Parallelen zu manchen Entwürfen Otto Wagners auf. Die in die Anlage integrierte Kamillianerkirche stammt ebenfalls von Helmreich und Scheiringer (siehe S. 26).

Das EKZ Hietzing von Traude und Wolfgang Windbrechtinger erfüllt noch immer seinen Zweck als Bezirkszentrum

Einkaufszentrum Hietzing (1962–64)

Hietzinger Hauptstraße 22

Im November 1957 hielt Roland Rainer vor dem Wiener Stadtsenat einen Vortrag zum Thema Stadtplanung. 1958 wurde Rainer zum Wiener Stadtplaner ernannt. 1962 erschien im Verlag Jugend & Volk ein 200 Seiten starkes Buch mit dem Titel „Roland Rainer Planungskonzept". Teile des in diesem Werk festgelegten Konzepts

Das Fassadenmosaik stammt von Maria Bilger. Ihr Brunnen existiert nicht mehr.

flossen in den folgenden Jahren in viele Projekte der Wiener Stadtplanung ein. Auch das 1962–64 auf dem Grundstück des im Zweiten Weltkrieg schwer beschädigten Hotels Hietzinger Hof errichtete Einkaufszentrum Hietzing orientiert sich im Wesentlichen an Rainers Vorstellung eines überregionalen Zentrums. Im konkreten Fall dient die von Traude und Wolfgang Windbrechtinger entworfene Anlage mit ihren Einrichtungen gut 100.000 Menschen als erweitertes Bezirkszentrum. Mit rund zwanzig Geschäften, Büros, Terrassenwohnungen, einem Hotel, Arztpraxen und Lokalen weist das Zentrum allerdings kleinteilig überschaubare Dimensionen auf und wird ganz offenkundig auch ein halbes Jahrhundert nach seiner Errichtung noch immer gut angenommen. Die künstlerische Ausstattung schuf Maria Bilger.

Grothusen-Bürogebäude (1970–72)

Auhofstraße 41a

Auf einem schmalen Grundstück in der Auhofstraße entstand 1970–72 nach Plänen von Hans Puchhammer und Gunther Wawrik ein Bürogebäude für den Elektronikhändler Reimer J. Grothusen.

Tragende Elemente als Gestaltungsmerkmale kennzeichnen das bemerkenswerte Grothusen-Bürogebäude

Für die Hermesvilla (l.) hat Gustav Klimt mit seiner Maler-Compagnie mehrere Gemälde (r.) geschaffen

Der in gekuppelter Bauweise an das angrenzende Wohnhaus anschließende Verwaltungsbau ist nach zwei Seiten hin verglast. Die offene Stahlbetonstruktur wird so auch nach außen hin sichtbar. Eine Durchlässigkeit zwischen drinnen und draußen wird somit gewährleistet und die offene innere Struktur deutlich gemacht. Ein elegantes Flugdach über dem leicht ansteigenden Eingangsbereich betont diesen gewünschten Austausch. Grothusen ist mittlerweile andernorts beheimatet. Im beispielhaften Gebäude der frühen 1970er Jahre residiert nun eine Firma für medizinisch-technische Produkte.

Hermesvilla (1882–86)

Lainzer Tiergarten

Der Lainzer Tiergarten war jahrhundertelang ein stadtnahes Jagdrevier der Habsburger. Zu Beginn der 1880er Jahre beauftragte das Kaiserhaus den renommierten Ringstraßenarchitekten

Carl Hasenauer mit der Planung einer schlossartigen Villenanlage für Kaiserin Elisabeth. Die Kaiserin, die sich am Hofe nicht besonders wohlfühlte, sollte solcherart ein Refugium in der Nähe des Schlosses Schönbrunn erhalten. Hasenauers Anlage umfasste neben dem Haupthaus mehrere Wirtschaftsgebäude und Stallungen, die wahrscheinlich nachträglich über eiserne Arkaden mit der Villa verbunden wurden.

Für die Ausstattung des romantisierend historistischen Gebäudes wurde eine beträchtliche Anzahl an Künstlern engagiert. Die bekanntesten unter ihnen sind der Bildhauer Viktor Tilgner, die Maler Hans Makart und August Eisenmenger sowie die Maler-Compagnie mit Franz Matsch, Ernst Klimt und Gustav Klimt. Ihren Namen erhielt die Hermesvilla nach der vor dem Gebäude placierten überlebensgroßen Hermesstatue von Ernst Herter. Die Hermesvilla ist nun ein Standort des Wien Museums und zeigt neben der Originaleinrichtung der Villa wechselnde Ausstellungen.

Hietzinger Friedhof (seit 1787)

Maxingstraße 15

Der Hietzinger Friedhof ist einer der kulturhistorisch interessantesten Friedhöfe Wiens. Die bereits 1787 eröffnete Anlage wurde bis 1954 mehrfach erweitert und beherbergt eine Vielzahl von kunsthistorisch bedeutsamen Grabstätten. Besonders hervorzuheben sind der nördliche Sektor, der sogenannte Biedermeierteil (Gruppen 1–8) und der Denkmalhain (Gruppe 4). Unter den bekannten auf dem Hietzinger Friedhof begrabenen Künstlern und Künstlerinnen seien hier stellvertretend für die vielen einige angeführt.

- Alban Berg, Gruppe 49
- Fanny Elßler, Gruppe 6
- Franz Grillparzer, Gruppe 13
- Anton Hanak, Gruppe 5

- Carry Hauser, Gruppe 67
- Gustav Klimt, Gruppe 5
- Kolo Moser, Gruppe 16
- Dagobert Peche, Gruppe 10
- Katharina Schratt, Gruppe 19
- Henriette Strauss, Gruppe 13
- Otto Wagner, Gruppe 13

Besondere Erwähnung sollen auch die drei in den letzten Kriegstagen für ihre Bemühungen um die Rettung Wiens vor der totalen Zerstörung von Nazischergen hingerichteten Widerstandskämpfer Karl Biedermann, Alfred Huth und Rudolf Raschke finden. Ihre Grabstätte befindet sich in Gruppe 66.

Unter den Künstlern, die auf dem Hietzinger Friedhof Gräber gestaltet haben, finden sich so bekannte Namen wie Johannes Benk, Max Fabiani, Anton Hanak, Edmund Hellmer, Josef Hoffmann, Richard Kauffungen, Carl Kundmann, Viktor Tilgner, Otto Wagner und Fritz Wotruba.

Klimtvilla (ab 1910?)

Feldmühlgasse 11

1911 fand Gustav Klimt, nachdem er aus seinem Atelier in der Josefstädter Straße hatte ausziehen müssen, über Vermittlung des Malers Felix Albrecht Harta eine neue künstlerische Bleibe. Das kleine Gebäude in der Feldmühlgasse 11 war ein ebenerdiges Gartenhaus inmitten eines enormen, etwas verwilderten Gartens voller Obstbäume, Sträucher und Blumenbeete. Zeitgenössischen Schilderungen zufolge soll das gesamte Areal gut eineinhalb Hektar umfasst haben. Klimt schuf hier in der selbstgewählten Abgeschiedenheit Landschaftsbilder, Portraits und späte Allegorien. Nach Klimts Tod erhielt das ebenerdige Ateliergebäude in mehreren Ausbaustufen das Erscheinungsbild einer neobarocken Villa,

In diesem Gebäude befand sich das letzte Atelier Gustav Klimts

die in der jüngeren Vergangenheit einen behutsamen Rückbau erfuhr. Der eingeschoßige Bau mit Dachbalustrade und geschwungener Doppeltreppe in den Garten beherbergt eine Klimt-Gedenkstätte. Vom ehemals riesigen Garten ist nur mehr ein kleiner Rest geblieben.

Lainzer Krankenhaus (1908–13) mit Tuberkulosepavillon (1929/30)

Wolkersbergenstraße 1

Das 60-Jahre-Regierungsjubiläum Kaiser Franz Josephs I. im Jahre 1908 war in der gesamten Monarchie der Anlass zur Errichtung zahlreicher öffentlicher Bauten. Auch das Lainzer Krankenhaus entstand in den Jahren 1908 bis 1913 als Kaiser-Jubiläums-Spital der Stadt Wien. Ein großes Kaiserrelief von Theodor Khuen ziert den Dreiecksgiebel auf dem Mittelrisalit des Direktionsgebäudes. Wie schon beim benachbarten Versorgungsheim war Johann Nepomuk Scheiringer der verantwortliche Architekt (hier gemeinsam mit Josef Klingsbigl) des ebenfalls im Pavillonsystem angelegten Komplexes. Stilistisch bediente sich Scheiringer für die Spitalsbauten beim neoklassizistischen Formenkanon.

Der Tuberkulosepavillon von Judtmann und Riss ist eines der interessantesten Spitalsgebäude der frühen Moderne

Das architektonisch interessanteste Gebäude auf dem Gelände ist allerdings der 1929/30 nach Plänen von Fritz Judtmann und Egon Riss entstandene ehemalige Tuberkulosepavillon, der fraglos zu den formal bedeutendsten Spitalsbauten Wiens zählt. Vor allem die fensterreiche Südfront des langgestreckten Baus mit ihren Veranden und Risaliten zeugt von großer gestalterischer Kraft.

Mädchen-Lyzeum-Zubau Wenzgasse (1930/31)

Wenzgasse 9–11

Die Schülerinnen des Mädchen-Lyzeums in der Larochegasse benötigten zu Beginn der 1930er Jahre mehr Platz. Mit der Planung des Erweiterungsbaus in der angrenzenden Wenzgasse wurden die Architekten des ersten Wiener Hochhauses, Siegfried Theiss und Hans Jaksch, beauftragt. Sie schufen einen der spannendsten Wiener Schulbauten der Zwischenkriegszeit. Rechte Winkel, glatte Fassaden, klare Linien, große Fenster, viel Licht, Marmorverkleidungen, durchgestaltete Stiegenhäuser. Ein Prototyp der Neuen Sachlichkeit. Das Dach der Turnhalle wurde zudem noch als Freiluftterrasse ausgebildet.

Maria-Theresien-Kaserne (1938–40)

Am Fasangarten

Der als Kaserne der Waffen-SS errichtete Komplex ist vor allem wegen seiner Dimensionen bemerkenswert. Allein der quadratische Kasernenhof weist eine Seitenlänge von 200 Metern auf. Die ihn flankierenden rechteckigen Mannschaftsgebäude (mit Innenhöfen) haben an den Längsseiten dieselben Maße wie der Hof. Auch der U-förmige vorgelagerte Torbau, der sich in einer Achse mit der höher gelegenen Gloriette befindet, ist so breit. Vielleicht findet sich in absehbarer Zukunft eine sinnvolle, nichtmilitärische Nutzung dieser Liegenschaft in bester Grünlage.

Die Maria-Theresien-Kaserne wurde für die SS errichtet. So sieht der Bau auch aus.

Neurologisches Krankenhaus Rosenhügel (1910–12)

Riedelgasse 5

Gleich vier Architekten beauftragte die Nathaniel Freiherr von Rothschild'sche Stiftung 1908 mit der Planung einer „Heilanstalt für mittellose Nervenleidende". Die vor allem durch ihre große Zahl an Theaterbauten zwischen Hamburg und Odessa bekannten Architekten Hermann Helmer und Ferdinand Fellner entwarfen Direktionsvilla, Verwaltungsgebäude, Wirtschaftshof und Küche. Franz Freiherr von Krauß und Josef Tölk zeichneten für Kurmittelhaus und Krankenpavillons verantwortlich. Ein Gutachten von Julius Wagner-Jauregg hatte ein Grundstück am Rosenhügel als idealen Standort für die 1910–12 errichtete Anlage definiert. Während sich Fellner und Helmer beim historistischen Formenkanon (Neobarock, neojosephinisch) bedienten, verwendeten Krauß und Tölk für ihre Gebäude neoklassizistische Elemente. 1971–74 wurde der Komplex durch Bauten von Rupert Falkner und Anton Schweighofer ergänzt.

Das neojosephinische Direktionsgebäude von Fellner und Helmer

Das ORF-Zentrum am Küniglberg ist eines der wichtigsten Beispiele moderner technischer Zweckarchitektur in Österreich

ORF-Zentrum am Küniglberg (1968–76)

Würzburggasse 30

Auch wenn sich Roland Rainer vor allem als Stadtplaner verstand, so hat er in Wien doch eine Fülle von architektonischen Spuren hinterlassen. Sein neben der Stadthalle größter Bau ist das ORF-Zentrum am Küniglberg. Bei der aus Betonfertigteilen konstruierten Anlage hat Rainer in ihrer Gesamtheit formal ganz bewusst ihre technische Orientierung und Nutzung in der Vordergrund gestellt. Rainers Grundsatz möglichst hoher baulicher Verdichtung führte angesichts der Fülle an notwendigen Einzelbereichen (TV-Theater, Studios, Verwaltung, Redaktionen, technische Einrichtungen) allerdings auch zu einem letztlich festungsartigen Erscheinungsbild. Nichtsdestoweniger hätte jedoch eine aufge-

Aus der Entfernung ist Roland Rainers Handschrift besser erkennbar

lockertere Bauweise zu einem unverhältnismäßigen Flächenverbrauch geführt und Rainers Bemühen, Überschaubarkeit und Umweltbezug zu erreichen, unmöglich gemacht. Trotz mancher Mängel, wie schlechter öffentlicher Anbindung oder mittlerweile vermehrt auftretender Bauschäden, ist das ORF-Zentrum am Küniglberg noch immer ein hochinteressantes Beispiel hervorragender technischer Zweckarchitektur und ein wichtiges Werk im Schaffen eines bedeutenden Baukünstlers und Planers.

Orthopädisches Spital Speising (1908–10)

Speisinger Straße 109

Für die Schulbrüder wurde dieser Komplex als k. k. Waisenhausstiftung und Taubstummen-Institut mit Internatsschule nach Plänen des Hochbau-Departments der k. k. Niederösterreichischen Statthalterei erbaut. Die markante Anlage in späthistoristisch-secessionistischen Formen hat eine von zwei halbrunden Wandel-

Gottvertrauen und Heilkunst im Orthopädischen Spital Speising

gängen flankierte Kapelle mit auffälligem, mehrstufigem Turm in ihrem Zentrum. Die monumentalen Pavillons weisen Anklänge an die Heimatstilarchitektur auf. In den 1950er Jahren übernahm die Missionskongregation der „Dienerinnen des Heiligen Geistes" die Bauten und wandelte sie sukzessive in ein orthopädisches Spital um.

Der Wandelgang bietet interessante Ausblicke

Otto Glöckel Schule (1933/34)

Veitingergasse 9

Der Reformpädagoge Otto Glöckel war ein engagierter Verfechter der Gesamtschule. Er kämpfte gegen Bildungsprivilegien und für die Trennung von Kirche und Staat. Mit dem sogenannten Glöckel-Erlass vom April 1919 wurden die verpflichtende Teilnahme am Schulgebet und am Religionsunterricht abgeschafft. Die austrofaschistische Regierung Dollfuß hob diesen Erlass 1933 wieder auf. 1946 wurde die damalige Hauptschule in der Veitingergasse 9 zu Ehren Otto Glöckels nach dem wichtigen Reformer benannt. Das Gebäude ist ein bemerkenswertes Beispiel der Schularchitektur der Neuen Sachlichkeit zu Beginn der 1930er Jahre, das vom Wiener Stadtbauamt entworfen wurde. Vor allem die großzügige Raumgestaltung, die Ausrichtung der Klassen zum Schulhof hin und die vorbildhafte Belichtung sind exemplarisch.

Die Otto Glöckel Schule wurde vom Stadtbauamt entworfen

In den Rosenhügelstudios entstanden einige der bekanntesten österreichischen Filme vor und nach 1945

Rosenhügelstudios (1919–23)

Speisinger Straße 121

Zu Beginn der 1920er Jahre entstanden am Rosenhügel Studiobauten für die Vita-Film, eine Filmgesellschaft von Gustav Anton Kolm und seiner Frau Luise Kolm. Bereits 1906 hatten Kolm und Kolm ihren ersten Film, damals in ihrem Photolabor in der Wipplingerstraße, gedreht. Auch der erste österreichische Spielfilm, „Von Stufe zu Stufe" aus dem Jahre 1908, stammte von Kolm und Kolm. 1917 entstand mit Luise Kolm als Regisseurin der 1.000ste Spielfilm, „Die Jüdin von Toledo". Mit der Errichtung der Rosenhügelstudios auf einem ehemaligen Molkereigelände sollten Großproduktionen und Monumentalfilme möglich werden. Die Krise der österreichischen Filmindustrie führte aber noch Mitte der 1920er Jahre zu einer Liquidierung der Vita-Film. Die Rosenhügelstudios wurden 1933 von der Sascha-Film übernommen. Die Sascha-Film des 1927 verstorbenen Filmpioniers Alexander Kolowrat-Krakowsky hatte seit 1932 mit den Brüdern Oskar, Kurt, Severin und Viktor Pilzer neue Eigentümer. Oskar Pilzer, Chef der Gesellschaft, konnte 1933 die deutsche Tobis-Film als Investor gewinnen. In den Rosenhügelstudios wurden in der Folge etliche erfolgreiche Filme gedreht. Dennoch verschlechterte sich die ökonomische Situation für Pilzers Filmproduktionsfirma zunehmend. Aus dem wichtigen Absatzmarkt Deutschland gab es wegen Pilzers jüdischer Herkunft keine Kapitalrückflüsse an die österreichische Tobis-Sascha-Film. Auch die Hausbank, die österreichische Creditanstalt, weigerte sich, Pilzers in Deutschland liegendes Kapital als Sicherheit zu akzeptieren, sodass Pilzer letztlich gezwungen war, seine Anteile weit unter Wert an die Creditanstalt abzugeben, die diese ihrerseits flugs an die deutsche Tobis AG weiterverkaufte. Die Tobis AG war zu jenem Zeitpunkt bereits Teil der NS-Filmindustrie. Oskar Pilzer starb 1939 im Pariser Exil. Seine Erben kämpfen bis heute um eine Entschädigung für die erfolgte Enteignung. Ein Mosaikstein in der langen, unrühmlichen Geschichte österreichischer Verstrickungen in NS-Verbrechen.

Ein Teil der Rosenhügelstudios, die, obschon formal zu Meidling gehörig, ein wesentlicher Teil der Hietzinger Kulturgeschichte sind, steht seit 2011 unter Denkmalschutz. Der kleine Platz an der Kreuzung Sillergasse/Streitmanngasse heißt nun Dr.-Oskar-Pilzer-Platz.

Der Park des Neurologischen Spitals am Rosenhügel

Öffentlicher Verkehr für neoabsolutistische Herrscher: der kaiserliche Stadtbahnpavillon von Otto Wagner

Stadtbahn- und U-Bahn-Stationen (1896–99, 1977–81)

An der jetzigen U-Bahnl-Linie U4 gibt es in Hietzing fünf Stationsgebäude. Drei davon hat Otto Wagner Ende des 19. Jahrhunderts entworfen, zwei wurden als Ergänzung in den 1970er Jahren nach Plänen der Architektengruppe U-Bahn (Wilhelm Holzbauer, Heinz Marschalek, Georg Ladstätter, Bert Gantar) neu errichtet. Letztere sind die Stationen Braunschweiggasse und Unter St. Veit, die im Zweiten Weltkrieg zerstört wurden und nach längerem Provisorium im Zuge der Gestaltung der Wiener U-Bahn ihr heutiges, durch abgerundete Stahl-Glas-Elemente gekennzeichnetes Aussehen erhielten.

Die erhaltenen Otto-Wagner-Stationen unterscheiden sich zum Teil grundlegend voneinander. Die Haltestelle Schönbrunn ist der fast unveränderte Typus der Tiefstation, der auf der Wientalstrecke der Stadtbahn Verwendung fand. Ein Eingangspavillon bildet den Zugang zu den unter Straßenniveau liegenden Bahnsteigen und Gleisanlagen. Die Station Ober St. Veit indes ist im Bereich des Aufnahmegebäudes modifiziert worden.

Einzigartig hingegen ist der sogenannte Hofpavillon der Wiener Stadtbahn in Hietzing. Er wurde eigens für Kaiser Franz Joseph I. errichtet und von diesem nur anlässlich der Eröffnung der Wientallinie betreten. Untypisch für Wagner, gibt es im Hofpavillon Anklänge an fast neobarocke Formen.

Auch die kunstvolle Innenausstattung des Pavillons konnte den Kaiser nicht zum Benutzen der Stadtbahn bewegen

Opulente Portalgestaltung beim Betriebsbahnhof Speising

Der oktogonale Warteraum ist noch im Original erhalten, mit Mahagoni-Vertäfelung, roten Seidentapeten, vergoldeten Täfelungsfeldern, Marmorkamin, Glastüren. Ein Ölbild von Carl Moll zeigt Wien aus der Vogelschau. Der nordseitige Raum für die kaiserliche Suite ist mit dunkler Lamperie, grüner Wandbespannung und einem eigenen Marmorkamin versehen. Der Hofpavillon gehört nun zum Wien Museum und kann an Wochenenden besichtigt werden.

Straßenbahn-Betriebsbahnhof Speising (1912–15)

Hetzendorfer Straße 188

Der Betriebsbahnhof Speising ist zwar um gut zehn Jahre jünger als vergleichbare Anlagen in Währing, Hernals, Floridsdorf oder Rudolfsheim-Fünfhaus, aber dafür um einiges prächtiger gestaltet. Speziell das palaisartige große Verwaltungsgebäude in Heimatstilarchitektur mit seinem opulenten Mittelteil und den deutlich hervortretenden Seitenrisaliten. Besonders auffällig ist das Kunststeindekor am Hauptportal mit figuralen und vegetabilen Motiven. Der Hauptarchitekt Ferdinand Rakuschan war Zentral- und Oberinspektor der städtischen Straßenbahn, von ihm stammt

Den vom NS-Regime ermordeten Straßenbahnbediensteten ist dieses Mahnmal gewidmet

auch der Betriebsbahnhof Breitensee. In Speising hatte er Unterstützung von zwei Kollegen namens Max? Joly und Albert? Tichy (die Vornamen sind nicht gesichert).

Volksschule Hietzinger Hauptstraße 166, Zubau (1992–94)

Hietzinger Hauptstraße 166

Die 1872/73 nach Plänen von Otto Thienemann erbaute Volksschule in der Hietzinger Hauptstraße wurde bereits 1894 und 1904 erweitert. Anfang der 1990er Jahre war ein neuerlicher Zu-

Elsa Prochazkas bis ins Kleinste durchkonzipierter Zubau

Der Wasserspeicher am Rosenhügel ist noch heute in Betrieb

bau notwendig. Elsa Prochazka löste die Aufgabenstellung, neue pädagogische Erkenntnisse einzubeziehen, mit großzügig belichteten Hallen in jedem Geschoß und separaten Erkern für jeden Klassenraum, die den Schülern und Schülerinnen innerhalb des Klassenverbandes Freiräume geben und unmittelbare Einblicke in die Umgebung ermöglichen.

Wasserbehälter Rosenhügel (1870–73)

Rosenhügelstraße 167

Wien erhält seit den 1870er Jahren Hochquellwasser aus den niederösterreichischen und steirischen Alpen. Der von der Londoner Baufirma Antonio Gabrielli ausgeführte Hauptspeicher am Rosenhügel ist eine meisterliche Ingenieursleistung des 19. Jahrhunderts und erfüllt noch heute seinen Zweck. Der mehrmals erweiterte Speicher ist mit massiven Kreuzgewölben von 6 x 6 Metern Spannweite versehen. In der ersten Bauphase wurden die Speicher in Ziegelbauweise errichtet. Die Oberflächenbauten, die sogenannten Wasserschlösser, sind mit bildnerischem Schmuck, wie einer Quellnymphe von Franz Melnitzky, versehen. Auf dem Gelände steht auch der Pavillon, von dem die RAVAG, die Radio Verkehrs AG, ab 1926 ihre Sendungen ausstrahlte.

EXKURS

MALERINNEN IN HIETZING

In Hietzing sind und waren viele Künstler und Künstlerinnen tätig. Die Künstlerinnen werden in der Literatur häufig weniger gewürdigt. Aus diesem Grund werden hier beispielhaft drei hochinteressante Malerinnen aus Hietzing kurz vorgestellt, deren Werke in der österreichischen Kunstgeschichte einen wichtigen Stellenwert einnehmen und die dennoch, völlig zu Unrecht, nur wenig bekannt sind. Bedauerlicherweise sind auch ihre Werke kaum in öffentlichen Sammlungen und Museen vertreten. Ihre Wohnhäuser und Wirkungsstätten allerdings kann man auf Hietzinger Spaziergängen zumindest von außen betrachten.

Der Kunsthistorikerin Tamara Loitfellner ist es zu danken, dass diese Künstlerinnen dem jahrzehntelangen Vergessen entrissen worden sind. Einige ihrer wichtigsten Werke sind auch auf der Website www.frauenkunst.at zu sehen.

LILLY STEINER

geb. Hofmann, Malerin, Graphikerin (1884–1961)

Lilly Hofmann war Schülerin von Ludwig Michalek an der Kunstschule für Frauen und Mädchen in Wien. 1904 heiratete sie den Industriellen Hugo Steiner, einen Schulkollegen von Karl Kraus und Freund von Adolf Loos. Adolf Loos entwarf auch das Wohnhaus der Steiners in Hietzing (siehe S. 62 ff.). Ab etwa 1917 trat Lilly Steiner als Künstlerin an die Öffentlichkeit. Sie war außerordent-

Während Katharina Zirners Wohnhaus (l.) massive Umgestaltungen erfuhr, ist das Haus Steiner noch im Original erhalten (r., vgl. S. 62 ff.)

liches Mitglied des Hagenbundes und gehörte zum Radierclub der Wiener Künstlerinnen.

1927 gingen die Steiners nach Paris. Hugo Steiner wurde dort Geschäftsführer einer Knize-Filiale. Auch für Lilly Steiner war die Übersiedlung nach Paris eine Erfolgsgeschichte. Hier erfuhr sie jene Anerkennung, die ihr in Österreich versagt geblieben war. Einen bedeutenden Stellenwert im Werk Lilly Steiners nehmen Frauen- und Kinderportraits und das Thema Mutterschaft ein. Ab 1937 werden ihre Arbeiten politischer. Lilly Steiner schuf zahlreiche graphische Mappenwerke und Illustrationen. Besonders wichtig sind dabei ihr graphischer Zyklus mit Lithographien zu Arnold Schönbergs „Gurreliedern" und die Ausdrucksstudien von Dirigenten und Künstlern wie Alban Berg, Arturo Toscanini oder Aristide Maillol.

Hinter diesen Fenstern lebte und arbeitete Frieda Salvendy bis zu ihrer Vertreibung durch die Nazis im Jahre 1938

FRIEDA SALVENDY

Malerin, Graphikerin (1887–1965)

Die Familie Salvendy stammte aus Neustadt an der Waag (heute Néve Mésto nad Vahom/Sk). Frieda Salvendy kam 1902 als 15-Jährige zur Schulausbildung nach Wien. Ihre künstlerische Ausbildung erfuhr sie in Weimar und Frankfurt, bei Albin Egger-Lienz und Felix A. Harta. Erste Werke Salvendys sind ab 1914 dokumentiert.

Ab 1917 sind Ausstellungsbeteiligungen Salvendys gesichert (Stockholm, Wien, Prag). In Hietzing lebte Salvendy von 1920 bis 1938 in der Hietzinger Hauptstraße 99/4.

Frieda Salvendy war aktives Mitglied der Vereinigung „Bewegung". Dieser progressiven Gruppe gehörten u. a. die Malerinnen Katharina Zirner und Helene Funke, der Maler Carry Hauser, der Komponist Josef Matthias Hauer, der Architekt Adolf Loos, der Maler und Kunsttheoretiker Johannes Itten an. Die Künstler und Künstlerinnen verstanden sich als Opposition zur Dekorationskunst. Für sie beruhte das Wesen der Kunst auf dem Ausdruck geistiger Kräfte.

Salvendys Werke waren wiederholt in Ausstellungen der Vereinigung bildender Künstlerinnen Österreichs und des Künstlerinnenvereins Wiener Frauenkunst zu sehen. Sie gehörte als eine der wenigen Frauen dem Hagenbund an, war aber bei der Kunstkritik wegen ihres expressiven, kraftvollen Stils durchaus umstritten. Nach der Machtübernahme durch die Nationalsozialisten emigrierte Frieda Salvendy nach England und kehrte nicht mehr nach Österreich zurück.

KATHARINA ZIRNER

verh. Rapaport, Malerin, Graphikerin (1890–1927)

Die Juwelierstochter Katharina Zirner soll ihre künstlerische Ausbildung bei Anton Faistauer erhalten haben. Gemeinsam mit ihrer Kollegin Frieda Salvendy spielte sie in der Künstlergruppe „Bewegung" eine wichtige Rolle. Zirners Malerei ist expressiv und farbintensiv. Häufig stehen religiöse Themen im Mittelpunkt ihrer Gemälde. Sie sind wohl auch als zeitkritische Reaktion auf die Katastrophe des Ersten Weltkriegs zu sehen.

Zirner wohnte in der Hietzinger Neue-Welt-Gasse 9. Die Villa Zirner ist allerdings nach einem Totalumbau mittlerweile stark verändert. 1927 heiratete Zirner den Maler Rudolf Rapaport (auch Rudolf Ray). Die überzeugte Theosophin Zirner unternahm in der Folge mit ihrem Ehemann eine Indienreise, wo sie nach der Geburt eines Sohnes verstarb.

EXKURS

WIDERSTAND IN HIETZING

Gegen die zwischen 1933 und 1945 in Österreich herrschenden Diktaturen gab es auch in Hietzing Widerstand. Stellvertretend für diejenigen, die sich gegen Unrecht und Tyrannei zur Wehr setzten, seien hier zwei für Hietzing wichtige Personen kurz portraitiert: die Frauerechtlerin Dr. Käthe Leichter und der Schutzbundkommandant Karl Münichreiter.

KÄTHE LEICHTER
(1895–1942)

Die promovierte Doktorin der Staatswissenschaften Käthe Leichter wurde 1919 wissenschaftliche Mitarbeiterin Otto Bauers in der Staatskommission für Sozialisierung und Konsulentin im Finanzministerium. Von 1925 bis zum Februar 1934 leitete sie das neu geschaffene Referat für Frauenarbeit in der Wiener Arbeiterkammer und trat mit zahlreichen Publikationen zu Frauenthemen an die Öffentlichkeit. So erschien 1927 eine große Untersuchung des Frauenreferats zum Thema „Frauenarbeit und Arbeiterinnenschutz in Österreich", die die Auswirkungen der Massenarbeitslosigkeit auf das Leben der Frauen thematisierte.

Nach dem Dollfuß-Putsch und den Ereignissen des Februar 1934 waren Dr. Käthe Leichter und ihr Mann, der Journalist Otto Leichter, an der Gründung der Revolutionären Sozialisten beteiligt. In der Illegalität leitete Käthe Leichter zuerst das politische

Der Gemeindebau in der nach Käthe Leichter benannten Gasse wurde von Edith Lessel gestaltet

Bildungswesen, dann den Nachrichtendienst. Otto Leichter gelang im Mai 1938 die Flucht aus Österreich. Käthe Leichter wurde von der Gestapo mit der Drohung erpresst, dass ihre alte Mutter an ihrer Statt festgenommen würde, sollte sie sich nicht der Polizei stellen. Käthe Leichter gab nach. Sie wurde nach 18 Monaten Haft zu sieben Monaten Kerker verurteilt und danach ins Frauen-KZ Ravensbrück überstellt. Am 17. 3. 1942 wurde Dr. Käthe Leichter im Zuge der NS-Euthanasie „Aktion 14f13" in der Psychiatrischen Anstalt Bernburg an der Saale ermordet.

Zum Gedenken an Dr. Käthe Leichter wird alljährlich der Käthe-Leichter-Preis (Österreichischer Staatspreis für die Frauengeschichte der Arbeiterinnen- und Arbeiterbewegung) vom Frauenministerium vergeben. Zudem stiften das Wirtschaftsministerium und das Bildungsministerium abwechselnd den „Käthe-Leichter-Anerkennungspreis". Die AK Wien und die Nationalbank vergeben ebenfalls je einen Preis.

Ein von Edmund Reitter geschaffenes Denkmal erinnert an den vom Dollfuß-Schuschnigg-Regime hingerichteten Widerstandskämpfer Karl Münichreiter

In Hietzing wurde ein 1985–88 errichteter Wohnbau in der Auhofstraße 152–156 nach Dr. Käthe Leichter benannt. (Bemerkenswert ist allerdings, dass das planende Architekturbüro in direkter Nachfolge eines mit dem NS-Regime gut kooperierenden Büros steht.) Schon 1949 wurde in Hietzing eine neue Gasse in der Nähe der Verbindungsbahn Käthe-Leichter-Gasse benannt. Dort entstanden in der Folge von Edith Lessel entworfene Gemeindebauten.

KARL MÜNICHREITER

(1891–1934)

Während des Arbeiteraufstandes gegen die austrofaschistische Diktatur im Feber 1934 war das Arbeiterkinderheim der Kinderfreunde am Hietzinger Goldmarkplatz einer der Sammelpunkte des Republikanischen Schutzbundes. Am 12. Feber rückte die Wiener Polizei mit starken Einheiten gegen den Goldmarkplatz vor. Nach

Die von Carl Witzmann entworfene Villa in der Münichreiterstraße 32 ist noch weitgehend im Original erhalten (vgl. S. 78)

heftigen Schusswechseln waren die Schutzbündler zum Rückzug gezwungen. Ihr Kommandant Karl Münichreiter, der einem verletzten Genossen zu Hilfe kommen wollte, blieb mit schweren Verletzungen auf dem Platz zurück. Münichreiter wurde verhaftet und in einer kurzen Verhandlung vor einem Standgericht zum Tode verurteilt. Am 14. Feber um vier Uhr morgens wurde Münichreiter, der aufgrund seiner Verwundung gehunfähig war, auf einer Tragbahre zum Galgen gebracht und im Hof des Wiener Landesgerichts gehenkt. Münichreiters Gnadengesuch an Bundespräsident Wilhelm Miklas war zuvor vom damaligen Justizminister Schuschnigg, dem späteren österreichischen Bundeskanzler, nicht an diesen weitergeleitet worden. Schuschnigg wollte die Hinrichtung Münichreiters um jeden Preis durchsetzen und wies auch Interventionsversuche von Miklas und selbst Kardinal Theodor Innitzer zurück. Seit 1946 existiert in Hietzing die Münichreiterstraße. Sie verbindet die Lainzer Straße ab der Höhe der Hausnummer 117/118 mit der Hietzinger Hauptraße. Auf dem Goldmarkplatz befindet sich seit 1984 zur Erinnerung an Karl Münichreiter ein von der SPÖ Hietzing gestiftetes und von Edmund Reitter gestaltetes Denkmal.

Die Nikolaikapelle im Lainzer Tiergarten ist der älteste Sakralbau in Hietzing, seine Ursprünge reichen bis ins 12. Jahrhundert zurück (vgl. S. 11 f.)

Aichinger, Hermann: 32–33
Amtshaus für Hietzing und Penzing: 84–86
Angelides, Rudolf: 22–23
Auböck, Carl: 45–46
Barwig, Franz d. J.: 24
Beer, Julius: 49
Bergl, Johann Wenzel: 17
Breitner, Hugo: 30–31
Cizek, Franz: 67
Danneberg, Robert: 31
De Rosa, Gaetano: 17, 23
Dominikanerinnenkonvent: 22
Donner, Raphael: 19
Drach, Siegfried, C.: 44
Dürer, Albrecht: 18
Eduard-Popp-Hof: 44–45
Ehn, Karl: 37
Einfamilienhaus Auhofstraße 78: 77
Einkaufszentrum Hietzing: 88–89
Erzbischöfliches Schloss Ober St. Veit, ehemaliges: 15
Faniteum und Karmelitinnenkonvent: 22
Fellerer, Max: 42
Fellner, Ferdinand: 96
Fertighaussiedlung Veitingergasse: 45–46
Frank, Josef: 41–42, 49–50
Frank, Sepp: 69
Frankl, Julius: 80
Friedenskirche: 22–23
Gartenstadtsiedlung „Ostmark“: 32–33
Gemeindebau Speisinger Straße: 28, 39
Gerl, Matthias: 16–17
Giudici, Gianluigi: 27
Glöckel, Otto/Otto Glöckel Schule: 100
Grothusen-Bürogebäude: 89–90
Gröger, Guido: 85
Gruenberger, Arthur: 21

Haas, Leopold: 78
Haerdtl, Oswald: 42
Hagenauer, Karl: 27
Hanak, Anton: 51, 91–92
Hasenauer, Carl: 91
Haus Beer: 49–50
Haus Bugner: 53
Haus Horner: 65–66
Haus Langer: 55–56
Haus Rainer („Haus unter Bäumen"): 56
Haus Reitler: 73
Haus Röminger: 75, 81–82
Haus Rufer: 71–72
Haus Scheu: 59, 67–69
Haus Steiner: 62–65
Haus Stoessl: 64–65
Haus Strasser: 9, 70–73
Hellmer, Edmund: 92
Helmreich, Rudolf: 26, 86–87
Hermesvilla: 90–91
Heu, Josef: 26
Hietzinger Friedhof: 91–92
Hietzinger Synagoge: 20–21
Hoffmann, Josef: 9, 21, 37, 42, 48, 50–51, 58, 74, 77, 79, 92
Horner, Helene: 66
Invalidenhauskirche: 18–19
Jaksch, Hans: 94
Josef-Afritsch-Wohnhausanlage: 47
Judtmann, Fritz: 94
Klaudy, Kurt: 25, 55
Klimt, Gustav: 90–93
Klimtvilla: 92–93
Kolowrat-Krakowsky, Alexander, Graf: 101
Konzilsgedächtniskirche: 19–20
Kosak, Ceno und Herta: 27
Kramreiter, Robert: 23–24

Für einen Onkel Alban Bergs, den Galanteriewarenerzeuger Josef Weidmann, entwarf Jože Plečnik diese Villa am Beginn der Hietzinger Hauptstraße (vgl. S. 56)

Krause, Emil: 37–38, 40
Kulka, Heinrich: 71–72
Kupelwieser, Hans: 20
Kupelwieser, Leopold: 12
Küniglbergsiedlung: 32
Künstlersiedlung: 36
Lackner, Josef: 20
Lainzer Krankenhaus: 93
Lainzer Pfarrkirche, ehemalige: 23
Lainzer Tiergarten: 11, 25, 34, 90, 117
Lanckoronski, Karl, Graf: 22
Leichter, Käthe, Dr.: 112–114
Leichter, Otto: 113
Lessel, Edith: 113–114
Lichtblau, Ernst: 21, 42, 51–52
Liebe, Anton: 25

Lippert, Georg: 25, 54
Loos, Adolf: 9, 25, 36–37, 42, 58–73
Loos, Walter: 53–54
Lurçat, André: 42
Malfatti-Siedlung: 43–44
Maria-Theresien-Kaserne: 95
Mädchen-Lyzeum-Zubau Wenzgasse: 94–95
Melnitzky, Franz: 107
Mietvilla Meytensgasse 4: 77–78
Münichreiter, Karl: 112, 114–115
Neubacher, Hermann: 42
Neumann, Heinz: 69
Neurologisches Krankenhaus Rosenhügel: 96, 102
Neutra, Richard: 21, 42
Nikolaikapelle: 11–12, 117
Oerley, Robert: 25, 54–55
Olbrich, Joseph Maria: 36
ORF-Zentrum am Küniglberg: 97–98
Orthopädisches Spital Speising: 98–99
Otto Glöckel Schule: 100
Pallottihauskirche: 23–24
Pfarrexpositur Zum Guten Hirten: 27
Pfarrkirche Maria Hietzing: 10, 12–14
Pfarrkirche Ober St. Veit: 15–16
Pfarrkirche St. Hemma: 24–25
Pfarrkirche St. Hubertus und Christophorus: 25
Piazzol, Domenico: 14
Pilzer, Kurt, Severin und Viktor: 101
Pilzer, Oskar: 101–102
Plečnik, Jože: 55–56
Plevan, Erwin: 24
Plischke, Ernst: 42
Poppo zu Bamberg: 15
Primavesi, Robert: 50
Prutscher, Hans: 19
Puchhammer, Hans: 89

Rainer, Roland: 45–47, 56–57, 65, 88–89, 97–98
Rakuschan, Ferdinand: 105
Rathausky, Johann: 26
Reiter, Victor: 28, 38–39, 44–45
Reitter, Edmund: 114–115
Rietveld, Gerrit: 42–43
Riss, Egon: 94
Roesner, Carl: 13
Rosenhügelstudios: 101–102
Rottmayr, Johann Michael: 14
Russ, Willy: 52
Salvendy, Frieda: 64, 110–111
Schartelmüller, Karl: 40–41
Schäufelin, Hans: 18
Scheiringer, Johann Nepomuk: 26, 87, 93
Scheu, Gustav: 67–68
Scheu, Josef: 67
Scheu, Robert: 64
Scheu-Riesz, Helene: 67–69
Schloss Ober St. Veit: 15–18
Schlöss, Heinrich: 38
Schmid, Heinrich: 32–33
Schneider, Hans: 18
Schokoladenhaus: 51–52
Schuhmeier, Franz: 29
Schütte-Lihotzky, Margarete: 42
Siedlung Auhofer Trennstück (SAT-Siedlung): 34–35
Siedlung Friedensstadt: 35–36, 61
Siedlung Hermeswiese: 37–39
Siedlung Lainz-Speising: 37–38
Siedlung Lockerwiese: 9, 31, 40–41
Siedlung Rosenhügel: 37
Siller, Franz Josef: 34–35
Skywa, Josefine: 50
Stadtbahnpavillon: 9, 103–104
Stadtbahn- und U-Bahn-Stationen: 103–104

Starzen, Roland: 47
Steiner, Hugo und Lilly: 62–64, 108–109
Steinl, Matthias: 14
Stoessl, Otto: 645
Strasser, Arthur: 85
Strasser, Karl: 70
Straßenbahn-Betriebsbahnhof Speising: 105–106
Strnad, Oskar: 42
Theiss, Siegfried: 94
Tuberkulosepavillon: 93–94
Versorgungsheim, ehemaliges: 86–87, 93
Versorgungsheimkirche: 26
Villa Gerger: 80–81
Villa Haas: 78–80
Villa Kortschak: 74, 80–81
Villa Kosmak: 79–80
Villa Meytensgasse 19: 82–83
Villa Meytensgasse 27: 83
Villa Münichreiterstraße 32: 78
Villa Schmeidler: 57
Villa Skywa-Primavesi: 48, 50–51
Villa Wustl: 54–55
Vivian, Jakob: 13
Volksschule Hietzinger Hauptstraße 166, Zubau: 106–107
Wachberger, Eugen: 42
Wagner, Otto: 9, 51, 55, 57, 87, 92, 103–104
Wagner, Otto, jun.: 57
Wasserbehälter Rosenhügel: 107
Wawrik, Gunther: 89
Werkbundsiedlung: 9, 22, 41–43, 61
Wiener Werkstätte: 50, 74
Wimmer-Wisgrill, Eduard: 51
Windbrechtinger, Traude und Wolfgang: 47, 88–89
Witzmann, Carl: 9, 53, 58, 74–83, 115
Wlach, Oskar: 42, 49
Zirner, Katharina: 109, 111

Achleitner, Friedrich: Österreichische Architektur im 20. Jahrhundert, Band III/2; Wien, Salzburg 1995
Architekturzentrum Wien (AzW): www.architektenlexikon.at
BDA: Dehio Wien, X. bis XIX. und XXI. bis XXIII. Bezirk; Wien, Horn 1996
Brandl-Berger, Lore et al.: Frauen in Hietzing; Wien 2014
Bühl, Josef: Heimatkunde des politischen Bezirkes Hietzing und Umgebung; Liesing 1895
Das rote Wien, Weblexikon der Wiener Sozialdemokratie: www.dasrotewien.at
Forschungsgesellschaft WIENER STADTARCHÄOLOGIE: www.archaeologie-wien.at/hochma/nikolaikapelle.htm
Gibs, Helga: Hietzing; Wien 1996
www.hietzing.at/Bezirk
Klusacek, Christine; Stimmer, Kurt: Hietzing. Ein Bezirk im Grünen; Wien 1977
Konečny, Felicitas et al.: Architekturplan Wien; Wien 2009
Kristan, Markus; Peichl, Gustav: Die Sechziger. Architektur in Wien 1960–1970; Wien 2006
Loitfellner, Tamara: www.frauenkunst.at
Österreichische Akademie der Wissenschaften: Österreichisches Biographisches Lexikon: www.biographien.ac.at
Schmid, Michael: Hoffmann in Wien; Wien 2014
Schmid, Michael: Gustav Klimt; Wien 2012
Schuller-Juckes, Michaela: Ulrich Schreier und seine Werkstatt; Wien 2009
Stadt Wien: www.wien.gv.at/bezirke/hietzing/geschichte-kultur/sehenswuerdigkeiten.html
Unterweger, Ulrike: Die Synagoge in Wien Hietzing; Wien 2006
Weiss, Heinz: Freundschaft in Hietzing; Wien 2012
Weissenbacher, Gerhard: In Hietzing gebaut, Band 1; Wien 1999
Weissenbacher, Gerhard: In Hietzing gebaut, Band 2; Wien 2000
Wessely, Daniela: Der Verlag von Carl Konegen in Wien; Wien 1997
Wiener Wohnen: www.wienerwohnen.at/wiener-gemeindebau/gemeindebaubeschreibungen

Bildnachweis: alle Bilder Michael Schmid

Photo: Ruth Simsa

MICHAEL SCHMID

hat ein Wirtschaftsstudium absolviert und einige Zeit als freier Journalist gearbeitet, bevor er ins Marketing ging, um danach für etliche Jahre in die Werbung zu wechseln.

Seit seinem Rückzug aus der Werbung hat Schmid acht Jugendbücher veröffentlicht. Im echomedia buchverlag erscheint von Michael Schmid die Reihe der Wiener Kunst- und Kulturführer. Auf Gustav Klimt in Wien folgte ein dreibändiger Führer zur Wiener Ringstraße, der schon nach kurzer Zeit zum Standardwerk über die Wiener Ringstraße wurde. Gleiches gilt für Schmids Kulturführer zu Josef Hoffmanns Œeuvre in Wien. Mit dem vorliegenden Band zu Hietzing wird die Reihe fortgesetzt. Weitere Bücher sind bereits in Vorbereitung.

Parallel dazu ist Schmid als Photograph tätig. Seine Bilder und Photokunstprojekte sind regelmäßig in Ausstellungen zu sehen (www.schmid-photography.com)

Schmid lebt und arbeitet in Wien und in der Steiermark.

Vir danken für
ie Unterstützung:

WIENER STÄDTISCHE
VIENNA INSURANCE GROUP

STADT WIEN
WIENER WOHNEN

Von Michael Schmid ebenfalls im echomedia buchverlag erschienen:

- Gustav Klimt. Der Kunst- und Kulturführer
  144 S., ISBN 978-3-902672-50-6
- Die Wiener Ringstraße. Der Kunst- und Kulturführer rund um den Ring:
  Band 1: Von Stubenring bis Kärntner Ring
  176 S., ISBN 978-3-902900-04-3
  Band 2: Von Karlsplatz bis Burgring
  176 S., ISBN 978-3-902900-18-0
  Band 3: Von Dr.-Karl-Renner-Ring bis Schottenring
  224 S., ISBN 978-3-902900-25-8
- Hoffmann in Wien. Der Kunst- und Kulturführer zur Wiener Moderne
  240 S., ISBN 978-3-902900-61-6

Impressum:
ISBN: 978-3-902900-70-8

Media Quarter Marx 3.2
A-1030 Wien, Maria-Jacobi-Gasse 1

Produktion: Ilse Helmreich
Layout: Brigitte Lang
Lektorat: Regina Moshammer
Coverbild: Michael Schmid
Herstellungsort: Wien

Besuchen Sie uns im Internet:
www.echomedia-buch.at